리처드 도킨스, C.S. 루이스 그리고 삶의 의미

리처드 도킨스, C. S. 루이스 그리고 삶의 의미

알리스터 맥그래스 지음
이현민 전경자 백승국 옮김

RICHARD DAWKINS,
C.S. LEWIS
and the
MEANING
of LIFE

템북

추천사

아프리카 대평원에 사는 사람들은 별 의심 없이 신의 존재를 믿는다. 이들의 삶이 땅, 비와 초목에 의존되어 있기 때문이다. 이들은 태양이 있어서 다른 사물을 볼 수 있는 것처럼 대자연을 통해서 하나님을 본다. 이들에게 과학주의나 합리주의와 같은 엄격한 쇠창살은 없다. 이런 관점에서 그 존재가 증명되지 않았기 때문에 '신은 없다'라는 도킨스의 말이 이들에게는 이상하게 들릴 것이다. 결국 이 책의 많은 이야기들은 이른바 '현대 과학문명'의 영향을 지나치게 의식한 사람들의 배부른 논쟁처럼 들린다.

내 주변의 아프리카 사람들에게 오히려 지나치게 낙관적인 신앙보다는 좀 더 실증주의적 관점으로 현재의 삶을 보는 것이 어떻겠느냐고 질문하고 싶은 심정이다. 왜냐하면 이 책에서 말하는 도킨스의 과학적 실증주의는 기독교적 삶이 옳으며 하나님과 인간에 대한 성경적 시각이 옳다는 다른 이유가 되기 때문이다.

악이 어디서 오는지 다 알고 있는 아프리카 사람들에게는 이 책이 그리 필요한 것 같지 않다. 하지만 발달된 현대 문명 속에서 문명이 주는 가식적 편리성과 즐거움을 얻기 위해 '이기적 유전자'를 발달시켜야 하는 사람들은 반드시 읽어보아야 할 책이다.

인간이 만들어 놓은 것들에 큰 가치를 두고, 진성한 삶이 무엇인지에 대한 분별력이 떨어진 현대인들에게 이 책은 틀림없이 신의 존재와 삶의 의미를 새롭게 하는데 좋은 논의 자료가 될 것이다. 책의 분량이 많지 않아서 인내심 부족한 문명인들도 포기하지 않고 읽을 수 있을 것이다. 그러나 가볍지 않으니 어느 정도의 참을성은 지참하고 읽기 시작하시기를 권한다. 한국어판 번역으로 애쓴 후배 선생님들에게 감사를 표한다.

홍세기 Uganda 쿠미대학교 총장

과학주의는 오늘날 우리 시대와 학교 교육을 지배하는 세계관이다. 물리적인 세계와 생명의 역동에 대한 경험과 정보를 체계화함으로 인류의 삶에 기여해 온 과학은 그의 발언 영역을 삶의 의미, 신의 존재, 세상의 목적 등의 부분까지 넓히기 시작한 것이다. 최근까지 활발한 활동을 펼치고 있는 과학자이자 저술가인 리처드 도킨스가 대표적인 인물이다. 그는 과학적 실험과 증거를 통해 관찰할 수 있는 세계만 존재하며, 이것으로 설명할 수 없는 신의 존재나 세상의 목적, 의미를 부정하며 무신론 운동을 이끌고 있다.

이 책은 이러한 도킨스의 주장을 무조건 배척하지 않고 그가 과학적 성과를 바탕으로 세상을 설명하려는 노력을 존중한다. 하지만 도킨스가 자연과학적 지식이 아닌 다른 지식과 설명을 배제하고, 과학의 영역을 넘어서는 부분까지 과학의 잣대로 재단하려는 것에 우려를 표한다. 동시에 기독교의 빛 아래서 세상을 보다 잘 설명할 수 있음을 증명했던 루이스의 설명을 통해 도킨스의 한계를 넘어서고자 시도한다.

물론 이 책이 도킨스와 루이스의 모든 사상을 다 포괄하지는 못한다. 하지만 두 사람이 이 세상의 의미에 대해 설명하고자 했던 핵심과 뼈대를 정확히 보여줌을 통해 독자로 하여금 과학의 역할과 한계를 명확하게 인식하도록 도와준다. 나아가 보이는 세계와 보이지 않는 삶의 의미, 하나님의 존재와 세상의 목적을 올바로 알아가기 위해 과학과 종교를 어떻게 활용해야 할지를 잘 안내해 준다.

이 세상을 지배하는 과학주의적 세계관을 기독교 세계관의 입장에서 어떻게 소화해야 할지를 고민하는 사람들, 특히 학교에서 배우는 과학적 지식과 교회에서 배우는 신앙과의 관계를 어떻게 조화해야 할지 고민하는 학생들에게 적극 추천하고 싶다.

정병오 기독교윤리실천운동 공동대표, 오디세이학교 교사

나는 누구이며 삶의 의미는 무엇인가? 누구나 한 번쯤은 이런 중대한 질문을 마음에 품어 본다. 그러나 아무리 똑똑하고 진지한 구도자라도 이 질문에 대한 답을 이미 찾았노라 말하지는 못할 것이다. 가끔 인생의 특별한 시기를 통과하면서 '내 삶이 과연 의미 없는 것은 아니구나' 느끼기도 하지만, 그런 경험은 한두 마디로 요약해 붙들어 두기가 어렵다. 강력하지만 또한 부드럽고, 미묘하고 복잡하지만 또한 거대하기 때문이다. 알면 알수록 나 자신도, 곁에 있는 사람들도, 세상도, 모두 어린 시절 상상처럼 단순하지도 단조롭지도 않다.

알리스터 맥그래스와 같은 우리 시대 최고의 지성도 인생의 의미를 묻는 이 중대한 질문에는 신중한 태도를 취한다. 자신의 답을 말하는 대신, 최고의 지성들이 지금까지 삶의 의미를 탐구하며 쏟아 온 지적인 노력과 축적된 지혜를 소개한다. 그런데 그가 택한 현명한 방법은, 철학이나 신학의 역사를 나열하는 것이 아니라 두 인물 즉, 각각 과학적 이성과 문학적 상상력을 대표하는 리처드 도킨스와 C. S. 루이스의 사상을 비교하며 설명하는 것이다.

서구의 지성들이 인생의 의미를 탐구해 온 길에는 많은 토론과 발견, 갈림길이 있었는데, 그것을 도킨스와 루이스를 비교하는 가운데 하나씩 설명해 준다. 진리와 믿음, 신앙과 과학, 무신론과 유신론, 인간의 본성 등 묵직한 주제들을 다루지만 장황한 설명보다는 정곡을 찌르는 인용문들과 명료하지만 결코 가볍지 않은 문장으로 요점을 짚어 준다. 그는 결국 삶의 의미를 탐구하는 여정에서는 과학적 이성과 문학적 상상력이라는 두 가지 도구 상자가 모두 필요하다고 말한다.

작은 책이지만 단숨에 읽으려 하기보다는, 한가한 마음으로 느릿느릿 읽으며 저자와 동행하면 좋겠다. 어떤 문장에서는 멈추고 한참 음미해 보고, 통찰을 얻었다면 기뻐하면서 다음 페이지는 아껴두는 식으로 읽으면 좋을 책이다.

노종문 목사, 웹진 〈좋은나무〉 편집주간

사람은 누구나 살아가면서 '나는 누구인가?', '나는 어디서 왔고, 죽음 이후에는 어떻게 되는가?', '어떻게 사는 것이 잘 사는 것인가?'와 같은 철학적인 질문들을 갖고 살아간다. 나날이 발전해 가는 과학 기술과 다양한 정보를 동원하여 찾아보기도 하고, 앞서 고민한 많은 사람의 생각과 이야기를 통해 찾아보기도 한다. 무엇보다 자신에게 있는 이성과 상상력을 동원하고, 자신이 경험한 다양한 삶의 경험에서 '삶의 의미'를 찾으려고 부단히 노력한다.

그러나 '삶의 의미'는 보일 듯 보이지 않고, 찾을 듯 찾을 수 없다. 이 노력은 우리가 살아가는 동안 계속될 것이다. 그래서 나는 우리 인생이 '삶의 의미'를 찾아 떠나는 길고 긴 여행이라고 생각한다.

이 책은 우리가 '삶의 의미'를 찾아 떠나는 여행길에 꼭 필요한 나침반이 될 것이다. 우리를 두 대가, 『이기적 유전자』의 저자로 유명한 진화생물학자 리처드 도킨스와 『나니아 연대기』와 『순전한 기독교』의 저자로서 유명한 기독교 변증가 C. S. 루이스가 함께 토의하며 '삶의 의미'를 찾는 가상의 토의장으로 초대한다. 옥스퍼드에서 두 사람을 오랜 시간 연구했던 알리스터 맥그래스 교수는 상반되는 주장을 하는 이들을 토론의 장이 아닌 토의의 장으로 불러 서로의 생각을 비교하고 탐구함으로써 우리가 '삶의 의미'를 찾아갈 수 있도록 '큰 그림'을 그려준다.

『리처드 도킨스, C. S. 루이스 그리고 삶의 의미』는 도킨스의 과학적 이성을 통해 참되고 신뢰할 만한 것들을 찾게 하는 동시에 루이스의 문학적 상상력을 통해 의미들을 진지하게 찾아갈 수 있도록 도와줄 것이다. 따라서 '삶의 의미'를 찾아 길고 긴 여행길을 떠나는 모든 이에게 이 책을 추천한다.

김만호 (사)교사선교회 대표

차례

추천사 4
머리말 10

1 큰 그림 : 의미가 중요한 이유 15
도킨스의 큰 그림 : 보편적 다윈주의 19
루이스의 큰 그림 : 순전한 기독교 26
더 생각해 보기 33

2 합리적 신념 : 믿음, 증명, 증거 43
루이스 : 조각 맞추기 47
도킨스 : 과학과 증거 53
더 생각해 보기 61

3 신은 존재하는가?   75
    도킨스 : 증거 없는 망상으로서의 신   79
    루이스 : 마음의 갈망인 하나님   84
    더 생각해 보기   92

4 인간 본성 : 우리는 누구인가?   103
    도킨스 : DNA 음악에 맞춰 춤추기   107
    루이스 : 진정한 고향을 향한 갈망   115
    더 생각해 보기   120

결론 : 의미 찾기   127

    더 읽을거리   136

머리말

토론^{debate}보다 토의^{discussion}가 흥미로운 이유는 무엇인가?[1] 그건 아마도 관점이 다른 사람들의 생각을 듣고 탐구함으로써 우리의 생각이 개선된다고 느끼기 때문일 것이다. 특히 삶의 의미나 과학의 지위, 하나님의 존재와 같은 인생의 큰 질문들을 다룰 때 더욱 그렇다. 다른 사람들도 그러하듯이, 나는 이러한 대화를 정말 좋아한다.

이 책은 절대 만날 수 없는 두 사람이 서로 다른 관점에서 토의한 장면을 상상한 내용이다. 나는 옥스퍼드 출신의 대표적인 유명인사인 도킨스와 루이스를 한 자리에 모셔놓으면 어떤 일이 벌어질까 자주 상상하곤 했다. 리처드

---

1 역자주: 토론은 어떤 문제에 대하여 서로 다른 의견을 가진 사람들이 자신의 주장을 펼쳐 상대방을 설득하는 것을 목적으로 논의하는 것이고, 토의는 토론과 달리 어떤 문제에 대한 최선의 해결방안에 이르기 위해 관련 당사자들이 합의를 목적으로 대화하는 것이다.

도킨스는 과학저술가로 대중의 사랑을 받고 있으며, C. S. 루이스는 문학가이자 기독교 변증가로 유명하다. 이들의 생각을 비교하고 대조해 보면서 우리는 무엇을 배울 수 있는가? 우리가 '인생이란 무엇인가?'와 같은 삶의 큰 질문들을 숙고할 때, 그들에게서 어떤 도움을 받을 수 있는가?

도킨스는 명목상 성공회 신자였다가 열렬한 무신론자가 된 진화생물학자다. 반면, 루이스는 무신론자에서 '순전한 기독교'라고 명명한, 교파의 갈래는 그리 중요하게 여기지 않는 기독교인으로 바뀌었다. 이 두 사람은 메시지를 전달하는 능력이 탁월하다. 특히 어려운 사상을 이해하기 쉽게 전달한다. 이들은 시대를 선도하던 옥스퍼드의 교수들이었으며, 이 사실이 옥스퍼드의 교수인 내가 그들의 사상을 깊이 생각하도록 만들었을 수도 있다. 나는 여러 해에 걸쳐 이 두 작가의 글을 자세히 읽고 연구하면서 많은 것을 배울 수 있었다.[2]

---

2 특히 다음을 보라. Alister E. McGrath, *C. S. Lewis - A Life: Eccentric Genius, Reluctant Prophet* (London: Hodder & Stoughton, 2013) and *Dawkins' God: From the Selfish Gene to the God Delusion*, 2nd edn (Oxford: Wiley-Blackwell, 2015).

최근 도킨스는 그의 명성에 다소 타격을 입은 듯하다. 그 이유는 그의 거침없는 말투와 소셜 미디어에 올린 여성과 이슬람을 향한 현명하지 못한 글 때문이다. 온라인 뉴스 Salon.com에 게재된 "리처드 도킨스의 슬픈 해명"이라는 제목의 기사는, 그를 한때 칭송받던 과학자이자 무신론자로 소개하면서 나이 든 지식인이 소셜 미디어에 손을 대면 안 되는 이유를 보여주었다고 지적한다.[3] 그럼에도 불구하고 인생에 대한 큰 질문들은 여전히 우리의 중요한 의제로 남아있고, 대중에게 유명한 도킨스는 우리의 목적에 맞는 대화 상대임이 분명하다.

도킨스와 루이스가 등장한 이 짧은 책은 이 세상에서 인간의 위치와 목적에 관한 거대한 질문 중 일부만 다룰 뿐이다. 이것이 거대한 토론과 토의의 겉핥기에 불과하다는 것은 나도 잘 알고 있다. 그러나 이 글을 읽는 독자들이 이들이 다루는 문제들을 간략하게 살펴봄으로써 더 깊은 탐구로 나아가기를 희망한다.

---

3 〈www.salon.com/2015/02/08/the_perils_of_pressing_send_has_richard_dawkins_ruined_his_legacy_partner〉.

우리는 삶의 의미나 믿음과 같은 인생의 큰 문제들을 주제로 삼은 도킨스와 루이스의 대화에 참여함으로써 무엇을 배울 수 있는가? 자연과학과 예술의 관계에 대해서? 아니면 이 복잡한 세상에서 가장 잘 사는 방법에 대해서? 이러한 문제에 나 역시 견해가 있지만, 이 책에서 나의 역할은 도킨스와 루이스의 목소리를 들려주어 당신의 숙고와 토의를 끌어내는 것이다. 두 사람 모두 흥미 있고 매력적인 작가이다. 그래서 나는 한걸음 물러서서 그들이 말하게 하고, 나의 관점이나 전공인 과학과 종교 – 옥스퍼드와 다른 곳에서 주요 분과 학문이 된 – 에 비추어 고찰한 의견을 덧붙이려 한다. 나는 이 두 작가로부터 많은 것을 배웠다. 여러분도 그러하길 바란다.

1

큰 그림 : 의미가 중요한 이유

RICHARD DAWKINS, C.S. LEWIS
and the
MEANING of LIFE

'큰 질문'big questions이란 용어는 인간과 세계에 대한 이해를 돕는 사고방식을 가리키는 말로 널리 사용되고 있다. 심리학자들은 이러한 사고는 자연스러운 것으로 삶의 고난과 어려운 문제들을 극복하는 데 도움을 준다고 말한다.[4] 이제 많은 사람들이 큰 질문에 맞물려 세상을 보는 방식으로 '큰 그림'big picture이란 용어를 사용한다. 이는 우리가 가진 가장 근원적인 질문과 관심에 초점을 맞추고 이에 답할 수 있도록 도와준다. 이러한 큰 그림들 중 일부는 종교적이고 다른 일부는 그렇지 않다. 기독교는 삶을 이해할 뿐 아니라, 어떻게 사람들이 새롭고 달라진 삶을 살 수 있을지 보여주는 종교적 큰 그림의 좋은 예이다. 반종교적으

---

4 Joshua A. Hicks and Laura A. King, 'Meaning in Life and Seeing the Big Picture', *Cognition and Emotion* 21:7 (2007), pp. 1577-84.

로도 많이 불리는 마르크스주의[5] 역시 큰 그림의 좋은 예로써, 이 세계를 설명하고 어떻게 변화시킬 수 있는지에 목적을 둔 세계관이다.

그렇다면 인간 본성 중 어떤 점이 그런 큰 질문에 관심을 가지게 하는가? 많은 해석이 있었지만 정확히 아는 사람은 없다. 단지 우리에게 내재된 본성인 듯하다. 소설가 지넷 윈터슨 Jeanette Winterson이 말했던 것처럼 "우리는 그저 먹고, 자고, 사냥하고, 번식하며 살 수만은 없다. 우리는 의미를 찾는 존재이다."[6] 어떤 이들은 과거로부터 거쳐 온 진화에 답이 있다고 생각한다. 또 다른 사람들은 우리가 초월성이나 의미의 흔적을 찾으며 우리의 창조주인 하나님께 돌아가려는 본능을 가지고 있다고 말한다. 그러나 어떤 설명을 하든지 간에 이 의미에 대한 감각이 중요한 것은 분명하다. 독일의 철학자 프리드리히 니체 Friedrich Nietzsche는 빈정거리듯 다음의 유명한 말을 남겼다. "사람들

---

5 역자주: 마르크스주의는 철학, 정치, 역사, 경제를 아우르는 사회적 분석의 방법이자 세계관으로 사회 계급의 관계와 충돌에 초점을 둔다.

6 Jeanette Winterson, *Why Be Happy When You Could Be Normal?* (London: Vintage, 2012), p. 68.

이 사물들 안에 있는 의미를 볼 수 있다고 믿으면 거의 모든 일에 대처할 수 있다."[7]

의미는 자주 세계관과 연결된다. 세계관은 삶을 이루는 각각의 단면들이 하나로 연결되어 만들어진 실재의 큰 그림이다. 사람들은 종교적 신념이 세상을 이해할 수 있게 하고 논리적으로 조화롭게 만들어 준다고 생각한다. 철학자 키쓰 얀델Keith Yandell은 종교가 세계와 그 안의 인간 위치를 해석하는 하나의 '개념 체계'가 된다고 주장한다.[8] 이러한 세계관은 렌즈와 같아서 초점을 맞추어 세계와 우리 자신을 보다 명확하게 볼 수 있도록 한다. 그러나 어떤 세계관들은 우리 시대의 주요한 세속적인 세계관인 마르크스주의와 다윈주의의 경우에서 보는 것 같이 비종교석이거나 반종교적이기까지 하다.

어떤 이는 그러한 세계관이나 큰 그림이 지적으로 지나치게 야망이 크다는 점을 우려한다. 우리는 인생에 대한

---

7 Friedrich Nietzsche, *Götzen-Dämmerung; oder Wie man mit dem Hammer philosophiert* (Munich: Hanser, 1954), p. 7.

8 Keith Yandell, *Philosophy of Religion: A Contemporary Introduction* (London: Routledge, 1999), p. 16.

부분적 통찰에 만족해야 한다는 것이다. 더 나아가서 어떤 이들은 애당초 발견되어야 할 의미 자체가 없다고 주장한다. 예를 들어 우리가 자연주의 세계관을 받아들이면, 이 세계의 자연에서는 의미와 가치에 관한 신념의 근거를 찾을 수 없다는 생각에 이르게 된다.[9] 즉, 우리는 세상 속에 원래 없었던 의미를 창조하거나 고안해내어야 함을 뜻한다. 이 문제는 나중에 좀 더 살펴볼 것이다. 먼저 대화의 당사자인 두 사람에게 물어보자. "인생에 대해서 두 분은 완전히 다른 전망을 가지고 있습니다. 그렇다면 그 전망 뒤에는 어떤 큰 그림이 있습니까?"

도킨스의 큰 그림 : 보편적 다윈주의

도킨스는 '다윈주의'라는 용어를 생물학적 다양성의 기원에 관한 다윈의 이론[10]뿐 아니라 이 이론에 근거한 보다 넓은 세계관 모두를 지칭하는 데 사용한다. 1983년 도

---

9 William D. Joske, 'Philosophy and the Meaning of Life', *Australasian Journal of Philosophy* 52:2 (1974), pp. 93-104.

10 다른 과학 이론들처럼 잠정적이며 지속적인 검토와 수정에 열려있다.

킨스는 확장된 다윈주의 사상을 지칭하기 위해 '보편적 다윈주의' Universal Darwinism[11]라는 용어를 만들었고, 이 사상을 생물학 영역을 넘어 종교적 신념과 인생의 목적에 관한 질문, 나아가 문화현상에 대한 설명까지 포함하고 있다.[12] 도킨스는 『만들어진 신』The God Delusion에서 종교를 진화 과정 중에 생긴 '우연한 부산물', 즉 '유용한 무언가가 빗나간 것'이라고 주장하였다.[13] 또한 그는 이 보편적 다윈주의의 형이상학적 틀을 사용하여 어떠한 목적 개념도 부정한다. 이 견해는 잘 알려진 그의 진술에 요약되어있다. "우주는 어떤 계획도, 목적도, 선악도 없고, 단지 맹목적이고 무자비한 무관심 외에는 아무것도 없다."[14]

---

11 역자주: 보편적 다윈주의는 복제, 변이, 선택이 있으면 진화가 발생한다는 기본 원리를 바탕으로 다윈의 진화론을 생물학 외 사회현상 및 다른 영역에도 적용하려고 한다.

12 Richard Dawkins, 'Universal Darwinism', in D. S. Bendall (ed.), *Evolution: From Molecules to Men* (Cambridge: Cambridge University Press, 1983), pp. 403-25.

13 Richard Dawkins, *The God Delusion* (London: Bantam, 2006), p. 188. (『만들어진 신』, 김영사)

14 Richard Dawkins, *River out of Eden: A Darwinian View of Life* (London: Phoenix, 1995), p. 133. (『에덴의 강』, 사이언스북스)

도킨스는 다윈주의가 우주를 설명해주는 체계적인 틀이며 잠재적 경쟁자 – 어떤 형태의 종교적 신념들 – 보다 세계를 훨씬 더 탁월하게 설명한다고 여겼다. 그는 1954년에서 1959년까지 피터버러 근처에 있는 오운들 학교 Oundle School에서 공부하는 동안 '살아 움직이는 세계의 아름다움과 드러난 창조물에 감명을 받아', '미지의 창조자'에게 강한 믿음을 가진 적이 있음을 고백했다.[15]

도킨스는 자신이 이러한 종교적 믿음을 상실하게 된 요인을 두 가지로 보고 있다. 첫째는 '우리가 진실이라고 여겼던 생물학적 설계에 다윈이 엄청나게 강력한 대안을 제공했다'는 그의 깨달음이 더 커진 것이다.[16] 이것은 도킨스의 후기 저술에서 반복적으로 나오고 있는 주제이기도 하다. 즉, 다윈주의는 생물학적 세계에서 관찰되는 것들에 대한 설명을 제공해 주는데, 그가 보기에 이것은 창조주 하나님에 대한 믿음보다 훨씬 더 우월하다. 두 번째 요인은 설계이론인데 이 이론에는 '우주를 설계할 수 있는

---

15 Richard Dawkins, *An Appetite for Wonder* (London: Bantam, 2013), pp. 140-1. (『리처드 도킨스 자서전』, 김영사)

16 Dawkins, *An Appetite for Wonder*, p.141.

능력을 가진 어떤 신이라도 자기 스스로를 설계했어야 한다'는 근본적 오류가 있다고 확신했다.[17] 그에게는 '원시의 단순함'으로부터 '점진적인 복잡화'라는 다윈의 생각이 훨씬 더 말이 되었던 모양이다.

우리는 여기서 중요한 생각 하나를 볼 수 있다. 그는 과학 이론이나 세계관을 사물을 이해하게 만드는 능력으로 판단하려고 한다. 그러나 다윈주의는 우리 세계의 모두를 다 설명하고 있지 않으며 그렇게 할 수도 없다. 빅뱅이나 생명의 기원과 같은 우주 역사에서 가장 중요한 사건들은 그들의 설명에서 제외되어 있다. 그럼에도 불구하고 도킨스는 다윈주의 안에서 단순한 생물학적 발전뿐 아니라 보편적인 인간 의미에 관해서도 성찰할 수 있다고 보았다. 그는 이런 생각을 2003년 라디오 대담에서 명확하게 제시했다.

> "우리가 누리고 있는 이 놀라운 특권을 즐겨야 합니다. 우리는 태어났고 죽음을 향해 가고 있습니다. 그러나 마지막에 이르기 전

---

17 Dawkins, *An Appetite for Wonder*, pp. 140-1.

우리가 왜 태어났는지 이해할 때가 있습니다. 우리가 태어난 이 세계를 이해할 시간 말입니다. 그리고 그 이해로 말미암아 우리는 마침내 깨닫게 됩니다. 우리의 노력 외에는 그 어떤 도움도 없다는 것을 말입니다."[18]

도킨스는 자연과학을 신뢰할만한 지식의 유일한 근원으로 여긴다. 보편적 다윈주의는 이러한 그의 견해의 일부로 보인다. 신New무신론[19] 운동이 채택한 이런 접근법은 '과학적 제국주의'scientific imperialism의 축약형인 '과학주의'scientism라는 용어로 자주 표현된다. 과학주의가 무엇인지 정확히 설명하지는 못하더라도, 과학을 모든 흥미롭고 중요한 질문의 기초와 궁극적인 심판자로 삼는 그 전체주의적인 태도에 대해서는 과학주의를 비판하는 사람들 대부분이 동의한다.[20] 도킨스는 자연과학이 문화적으로, 그리고 지적으

18　Richard Dawkins, 'Alternative Thought for the Day', BBC Radio 4, 14 August 2003.

19　역자주: 신무신론은 21세기 무신론자 작가들의 운동을 지칭하며 신을 과학적 가설과 검증 대상으로 본다. 자연주의로 인간의 관찰 대상을 모두 설명할 수 있으며 그 이해에 신의 자리는 없다고 주장한다.

20　Massimo Pigliucci, 'New Atheism and the Scientistic Turn in the Atheism Movement', *Midwest Studies in Philosophy* 37:1 (2013), pp. 142-53, esp. p. 144.

로 특권을 가진다고 생각하며 인생의 큰 질문들에 대한 다른 학문의 주장은 열등한 것으로 여기고 있다.

신무신론 작가 샘 해리스 Sam Harris가 저술한 『신이 절대로 답할 수 없는 몇 가지』 The Moral Landscape는 아마도 과학주의를 옹호하는 탁월한 선언일 것이다. 이 책에서 해리스는 과학이 인간의 도덕 가치들을 결정할 수 있다고 말하며, 사실상 도덕철학을 퇴출시키고 있다. 그러나 도덕철학자들은 해리스도 '선'이란 최대 다수의 최대 행복으로 정의하는 공리주의의 한 형태로 도덕철학 안에 자리 잡고 있음을 어렵지 않게 지적하면서 그의 과장된 주장을 일축했다.[21]

이것이 도킨스와의 대화가 매우 흥미로운 이유 중 하나이다. 도킨스는 인생의 큰 그림을 발전시켜 나가는 과정에서 과학의 위치를 생각하게 한다. 과학은 삶의 의미에 관한 우리의 모든 질문에 답할 수 있는가? 아니면 과학은 우주와 인간이 어떻게 **기능**하는지에 관련된, 전혀 다른 문제를 다루는가? 도킨스에게 과학은 우리가 알고 싶어 하는 모두를 말해주는 존재이지만 이는 다른 이들에게 인

---

21 Sam Harris, *The Moral Landscape* (London: Bantam, 2010). (『신이 절대로 답할 수 없는 몇 가지』, 시공사)

정받기 어려운 부분이다. 따라서 우리는 의미에 관한 질문들을 포함해 여러 질문에 답할 수 있는 다른 학문이나 시도를 생각해 보게 된다.

예를 들어, 저명한 생물학자 존 메이너드 스미스 John Maynard Smith는 과학 이론이 '인간 가치에 대해'-또는 일반적 도덕 가치에 대해-아무 말도 하지 않는다고 주장한다. 메이너드는 생물학 이론이 '무엇이 옳은가를 언급하지 않고 오직 무엇이 가능한지'를 말할 뿐이므로 '우리에게 무엇인가 가치에 관한 다른 원천이 필요하다'라는 결론을 내린다.[22] 1960년 후천적 면역 내성의 발견으로 노벨 생리의학상을 공동 수상한 피터 메더워 경 Sir Peter Medawar도 비슷한 의견을 보이고 있다.[23] 그는 도덕적이고 실존적인 질문들의 중요성을 언급하면서, '과학은 그런 질문에 답할 수 없으며, 답할 능력을 갖출 만큼 발전할 가능성도 없다'라고 말했다.

---

22 John Maynard Smith, 'Science and Myth', *Natural History* 93:11 (1984), pp. 10-24.

23 Peter B. Medawar, *The Limits of Science* (Oxford: Oxford University Press, 1985), p. 66.

도킨스의 접근 방식에 대해서 할 말이 더 남아있지만 잠시 뒤로하고 이제 두 번째 대화 상대인 루이스[C.S. Lewis]를 소개하려고 한다.

루이스의 큰 그림 : 순전한 기독교

루이스는 아일랜드 벨파스트에서 10대 시절을 보내며 근대 지식인에게 유일한 선택지는 무신론이라고 확신하였다. 종교는 낡고 모순된 신화들로 이루어졌고 이미 과학으로 대체되었다고 생각했다. 루이스의 무신론은 1차 세계대전 당시 영국군 병사로 지낸 경험으로 더 단단해졌다. 하나님이 어떻게 이런 아무 의미 없는 고통과 참화를 허용할 수 있는가? 루이스는 존재하지 않는 하나님에게 화를 내는 것이 논리적으로 결함이 있다는 것을 의식하였지만, 온전한 생각이 있는 사람의 기본 입장은 무신론이라고 보았다.

그러나 1920년대에 이르러 루이스의 마음은 바뀌었다. 그는 여전히 무신론이 제일 좋은 선택이라고 확신했지만, 무신론은 지적으로 흥미롭지 않으며 상상하는 삶을 방해한다고 보았다. 논리적으로 증명할 수 있는 세계는 부적절하고 만족스럽지 못했다. 그는 인생에 무언가 더 있어야 한다고 확신하게 되었다. 그는 자신의 내면에서 전쟁 상태에 있는 것처럼 보이는 두 개의 힘, 즉 그럴듯해 보이나 따분한 합리주의와 위험해 보이나 잠재적으로 유쾌한 신앙을 대조하여 다음과 같은 견해를 표현했다.

> 한쪽에는 시와 신화의 많은 섬들로 이루어진 바다가, 다른 한쪽에는 그럴듯해 보이기는 하지만 사실은 얄팍한 '합리주의'가 있었다. 나는 내가 사랑하는 것들은 거의 모두 상상의 영역에 속해있다고 믿었다. 그리고 내가 실재라고 믿고 있던 것들은 거의 모두 음산하고 무의미하다고 생각했다.[24]

이런 생각의 흐름은 루이스로 하여금 하나님을 믿는 신앙의 합리성을 다시 생각하게 했고 결국에는 기독교를 받아들이게 했다.

무신론자에서 그리스도인이 된 루이스는 스스로를

---

24 C. S. Lewis, *Surprised by Joy* (London: HarperCollins, 2002), p. 197. (『예기치 못한 기쁨』, 홍성사)

기독교 신앙의 변증가로 여겼다. 하지만 그는 한 번도 성공회나 감리교와 같은 어떤 특정한 기독교 종파나 유형을 변호하지는 않았다. 그는 자신이 '순전한 기독교'라고 이름 붙인, 이미 그리스도인들 사이에서 기본적으로 의견의 일치를 이룬 기독교 정통교리에 대해서 권고하고 있음을 분명히 밝혔다. 그는 독자들에게 '여러분이 성공회 신자가 될지, 감리교 신자가 될지, 장로교나 로마 가톨릭교회 신자가 될지는 나에게서 배울 수 없을 겁니다'라고 말했다.[25] 비록 루이스가 어떠한 특정 기독교 기관도 지지하려고 하지 않았지만, 그들이 궁극적으로 기반을 두고 있는 기본적인 이념들을 변호하고 옹호하려고 노력했다. 이러한 그의 사상은 기관들이 주장하는 가치와 이념이 아닌 기관 자체만을 지키려는 모습에 실망한 세대에 새로운 반향을 불러일으켰다.

그러나 루이스는 독자들에게 자신이 속한 영국 성공회와 같은 개별 기독교 교파를 거부해야 한다고 주장하지

---

25 C. S. Lewis, *Mere Christianity* (London: HarperCollins, 2016), p. viii. (『순전한 기독교』, 홍성사)

도 않았다. 또한 그리스도인의 삶이 기독교 공동체에 대한 애착이나 참여 없이 개인주의적이어야 한다고도 하지 않았다. 오히려 각 교파는 보다 근본적인, 즉 순전한 기독교가 독특하게 구체화되었거나 표현된 것으로 보아야 한다고 생각했다.

> [순전한 기독교]는 여러 방으로 통하는 문들이 있는 홀과 같다. 만일 그 홀에 누군가를 데려올 수 있다면 내가 하려고 한 일을 다 한 것이다. 그러나 의자와 난로, 음식이 마련되어 있는 곳은 방 안이지 홀이 아니다. 홀은 기다리는 장소이며 여러 문을 열어 볼 수 있는 장소일 뿐, 계속 머물러 살 곳은 아니다.[26]

루이스는 대체로 의견의 일치를 이룬 기독교 정통교리를 모든 그리스도인을 수용하는 넓은 홀로 본다. 그러나 그리스도인의 실제 신앙생활은 '난로와 의자, 음식이 마련된' 방에서 해야 함을 강조한다. 그리스도인의 삶이란 홀에서 서성이지 않고, 따뜻한 환대를 받으며 풍성한 음식이 마련

---

26 Lewis, *Mere Christianity*, p. xv.

된 곳-기독교회가 그런 곳이 되어야 한다-에 앉아 있는 것이다.

루이스는 기독교가 지적 가치를 많이 가지고 있다고 여겼다. 특히 그의 경험과 직관, 그리고 그의 주변에서 관찰한 세계를 이해할 수 있게 만드는 능력에 매료되었음이 분명하다. 그래서 그는 하나님을 세상에 대한 합리성의 근거로, 또한 그 합리성을 파악할 수 있도록 해주시는 분으로 보기 시작했다. 루이스에게 기독교 신앙의 진리는 인간 이성이 미치는 범위를 뛰어넘는다. 그러나 그런 진리들이 드러나고 이해될 때, 그 합리성은 쉽게 알아볼 수 있다. 또한 그 합리성의 특징 중 하나가 사물을 지적으로 알 수 있게 해주는 기독교 신앙의 능력이다. 이 기본적인 신념은 그의 명언에서 분명하게 드러난다. '나는 태양이 떠 있음을 믿는 것처럼 기독교를 믿는다. 내가 태양을 보기 때문이 아니라 그것으로 다른 모든 사물을 보기 때문이다.'[27]

그렇다면 왜 누군가는 기독교를 세계관이라고 생각하는가? 루이스의 관심은 윤리나 영성과 같은 더 중요한

27　C. S. Lewis, ed. Lesley Walmsley, *Essay Collection: Faith, Christianity and the Church* (London: Collins, 2000), p. 21.

문제들에서 벗어나 있는 것인가? 어떤 이는 기독교가 근본적으로 구원, 그리고 개인과 공동체 삶의 변혁 transformation 에 관한 것이라고 주장한다. 이 점은 매우 진지하게 받아들일 필요가 있다. 그러나 이 변혁의 일부로서 세계에 대한 새로운 사고방식, 즉 우주와 우리의 위치를 보는 새로운 방식이 생겨났음은 분명하다.[28] 우리는 바울이 독자들에게 말한 소극적으로 '이 세상을 본받기'보다는 적극적으로 '마음을 새롭게 함으로 변화[29]를 받아'라는(롬 12:2) 위대한 명령, 또는 그가 말한 '그리스도의 마음' mind of Christ[30]에 대해 생각해 볼 수 있다.[31] 그리고 무신론자였다가 그리스도인이 된 루이스는 우리가 속한 더 넓은 문화를 향해 기

---

28 루이스가 성경을 사용하여 큰 그림을 본 것은 다음을 참조하라. David L. Jeffrey, *Houses of the Interpreter: Reading Scripture, Reading Culture* (Waco, TX: Baylor University Press, 2003), pp. 181-94. 일반적으로 이 주제의 중요성은 다음을 참조하라. Craig S. Keener, *The Mind of the Spirit: Paul's Approach to Transformed Thinking* (Grand Rapids, MI: Baker, 2016).

29 역자주: 변화(change)보다는 변혁(transformation)의 의미에 더 가깝다. 영어 성경(NIV, KJV)에는 'transformed'로 기재되어 있다.

30 역자주: 여기서 '마음'(mind)은 특별히 지성과 관련이 있다.

31 Mark McIntosh, 'Faith, Reason and the Mind of Christ', in Paul J. Griffiths and Reinhart Hütter (eds), *Reason and the Reasons of Faith* (New York: T. & T. Clark, 2005), pp. 119-42.

독교의 지적이고 상상력이 넘치는 매력을 보여주는 변증이 필요하다는 것을 확신했다. 그런 변증은 믿음의 내용과 실천에 대한 지적인 성찰을 요구한다.[32]

루이스는 역사적으로 오래 이어져 온 그리스도인 작가들의 전통을 계승하고 있다. 이들은 기독교가 실재를 밝히 보여주고 삶을 이해할 수 있게 해주는 능력이 있음을 강조해 왔다. 그렇다고 루이스가 기독교를 지적으로 하찮은 이론체계로 축소시키거나 중요한 본질에서 떨어져 나온 학문의 한 분야로 여겼다는 의미는 아니다. 그의 핵심은 기독교에 대해 지적으로 잘 정립된 이해는 우리가 해야 할 일이 무엇인지 분명하게 보여줄 뿐 아니라 그 일을 하도록 동기를 부여한다는 것이다. 루이스가 '그리스도인의 소망'을 논하는 글에서 어떤 사람들에게는 단순한 신학적 도피로 보이는 것이 실제로는 능력을 부여하는 것으로 판

---

32 Michael Ward, 'The Good Serves the Better and Both the Best: C.S. Lewis on Imagination and Reason in Apologetics', in Andrew Davison (ed.), *Imaginative Apologetics: Theology, Philosophy and the Catholic Tradition* (London: SCM Press, 2011), pp. 59-78; Alister E. McGrath, *The Intellectual World of C.S. Lewis* (Oxford: Wiley-Blackwell, 2013), 'Reason, Experience, and Imagination: Lewis's Apologetic Method', pp. 129-46.

명된다고 주장한다. 즉 '이 세상을 위해 가장 많이 일한 그리스도인들은 바로 다음 세상을 가장 많이 생각했던 이들이다.'[33]

더 생각해 보기

삶의 의미나 목적과 같은 큰 질문을 이해하기 위해 '세계관'이라는 용어를 사용하는 사람들이 많아지고 있다.[34] 그렇다면 도킨스와 루이스의 짧은 만남은 '세계관의 중요성'에 관해 어떤 질문을 제기하는가?

도킨스와 루이스 모두 이런 큰 질문에 대한 지적인 성찰이 자연스럽고 중요하다고 본다. 두 사람 모두 자신들의 신념, 즉 무신론과 기독교는 지적으로 진지하게 접근할 가치가 있으며 더 큰 지적 체계로 발전해 갈 수 있다고 주장한다. 나는 우리가 가진 신념에 관해 비판적이고 건설적

---

33 Lewis, *Mere Christianity*, p. 134.

34 특히 다음을 보라. Ann Taves, Egil Asprem and Elliott Ihm, 'Psychology, Meaning Making, and the Study of World Views: Beyond Religion and Non-Religion', *Psychology of Religion and Spirituality* 10:3 (2018), pp. 207-17.

인 성찰이 중요하다고 생각한 이 두 사람의 입장에 동의한다. 그리고 항상 그리스도인 독자들에게 그런 '지성의 제자도'를 실천할 것을 권하고 있다.[35] 그러나 이런 세계관들을 너무 심각하게 받아들일 때 따르는 위험은 없는가?

한 가지 명백한 우려가 철학자 아이리스 머독 Iris Murdoch에 의해 제기되었다. 그녀는 '인간 사고의 전체화 경향성'을 지적한다.[36] 하지만 자연을 보는 하나의 통일된 관점을 찾으려는 인간의 탐구가 자연의 근원적인 통일성을 과장하도록 이끌 수 있다는 것도 믿었다.[37] 우리는 이러한 세상의 모호함 속에서 살아가는 방법과 그 애매함에 대처하는 방법을 반드시 알아야 하는가? 또 다른 우려가 이사야 벌린 Isaiah Berlin과 같은 지적으로 뛰어난 역사가들에 의해 제기

---

35 다음의 예를 참조하라. Alister McGrath, *Mere Discipleship: On Growing in Wisdom and Hope* (London: SPCK, 2018). (『지성의 제자도』, 죠이북스)

36 Iris Murdoch, *Metaphysics as A Guide To Morals* (London: Chatto & Windus, 1992), p. 7.

37 역자주: 인간 사고는 전체적인 이해를 추구한다. 자연에 대한 통일된 관점을 찾으려는 인간 탐구는 자연 속에 내재된 통일성을 과장하도록 이끈다. 인생과 세계는 모호함이 존재할 수밖에 없다. 그러함에도 사람들은 통일된 설명체계를 만들어서 모든 것을 낱낱이 설명하려고 한다.

되었다. 그는 세계관이 우리 관점에서 옳다고 여겨지면 다른 모두는 틀렸다고 말하는 배타주의를 만들어낼 수 있다고 지적한다. 이런 태도는 쉽게 외부인을 지적으로 열등하고, 정치적으로 위험하며, 문화적으로 이질적이거나 정신적으로 병든 것으로 악마화하도록 만든다. 그런 종교적 또는 정치적 근본주의는 구성원 중에 있는 반대자들을 관용하지 않고 자신들이 설정한 범위를 넘어선 지적, 도덕적 가치들을 인정하지 않는다.

이 부분에 관한 가장 탁월한 논의 중 하나를 작가 살만 루슈디Salman Rushdie에게서 찾을 수 있다. 루슈디는 '세계를 완전히, 총체적으로 설명할 수 있다는 모든 이데올로기'에 극도로 비판적인 입장을 취한다.[38] 무엇보다 과학과 종교 모두 자신들만이 진리를 독차지하고 있다고 주장할 때 그렇게 되기 쉽다. 나는 이 문제가 신무신론에서 보여지는 것처럼 기독교 안에서 그리고 기독교 외의 일부 종교 전통에서도 동일하게 나타나는 것을 본다. 세계관은 매우 쉽게 지배적인 이데올로기가 될 수 있으며, 그것이 유지될

---

38 Salman Rushdie, *Is Nothing Sacred? The Herbert Read Memorial Lecture 1990* (Cambridge: Granta, 1990), p. 9.

때 이익을 얻는 기득권층에 의해 대중에게 강요된다.

이처럼 세상을 이해할 수 있는 다른 방법이 있음을 깨닫지 못한 채 자신만의 세계관 안에 갇히게 될 위험성이 있다. 루트비히 비트겐슈타인Ludwig Wittgenstein이 '하나의 그림이 우리를 사로잡았다'a picture held us captive[39]에서 말한 논평은 우리의 세계에 대한 이해가 얼마나 쉽게 '체계를 만드는 신화'에 의해 통제될 수 있는지를 강조한다.[40] 이 세계관 또는 메타내러티브[41]는 우리가 알아차리든 그렇지 않든 간에 세계를 보는 우리의 인식을 지배한다. 이 큰 그림은 우리의 경험을 해석하는 확실한 방법으로 당연히 옳다고 생각하게 하지만, 다른 한편으로는 그것을 이해하는 다른 방법에는 눈을 멀게 한다.

도킨스는 이 어려움을 특히 잘 보여준다. 신무신론의 많은 사람들과 마찬가지로, 그는 과학과 종교는 적대적

---

39 Ludwig Wittgenstein, *Philosophical Investigations*, 4th edn (Oxford: Wiley-Blackwell, 2009), §115; emphasis in original.

40 David Egan, 'Pictures in Wittgenstein's Later Philosophy', *Philosophical Investigations* 34:1 (2011), pp. 55-76.

41 역자주: '거대서사'로도 표현되는 용어로 역사적 사건들이 이해되도록 설명해주는 커다란 '이야기 틀'을 의미한다.

으로 갈등한다는 신화에 따른 편향된 종교관을 가지고 있다. 이 견해는 19세기 말 사회적 이유로 출현하였으나 역사적 연구에 따르면 오랫동안 인정받지 못한 채로 남아있었다.[42] 이 신화에 따라 과학과 종교가 서로 전쟁 중에 있다면, 독실한 신자인 동시에 매우 활동적인 과학자들을 어떻게 설명할 수 있는가? 이 전쟁 신화는 그들이 적에게 협력하는 반역자라는 단 하나의 답을 줄 뿐이며 나는 이런 얄팍한 결론이 만족스럽지 않다. 도킨스는 과학과 종교의 긍정적인 협력 관계를 믿고, 이를 위해 노력하는 과학자들은 '네빌 체임벌린' 학파의 대표적인 사례라 주장한다.[43]

이 놀라운 역사적 비유가 무엇을 의미하는지 인식하지 못하는 독자들을 위해 도킨스는 네빌 체임벌린 영국 총리가 1938년 아돌프 히틀러와 유럽에서 전면전을 피하려 채택한 유화 정책을 언급하고 있다. 다소 불쾌한 이 비유는 종교의 중요성을 인정하는 과학자들에게 '타협자들'이라는 낙인을 찍고, 모욕적이게도 종교인들을 히틀러

---

42 특히 다음을 보라. Peter Harrison, *The Territories of Science and Religion* (Chicago: University of Chicago Press, 2015), pp. 172-6, 191-8.

43 Dawkins, *The God Delusion*, pp. 66-9. (『만들어진 신』, 김영사)

에 비견한다. 이러한 비유는 지적으로 터무니없으며, 부적절한 세계관의 왜곡된 프리즘으로 세상을 바라본 결과일 것이다. 물론 이와 달리 과학과 종교의 관계를 바라보는 훨씬 더 지적이며 역사적으로도 신뢰성 있는 방법들이 있다.

루이스 또한 다른 사람들을 악마로 만드는 통제 신화의 위험성을 생각하도록 돕는다. 그가 기독교를 받아들이지 못하고 지적으로 망설였던 이유 중 하나는 기독교를 받아들이면 그가 가진 위대한 북유럽과 그리스 신화에 대한 애정을 포기해야 한다는 인식 때문이었다. 기독교가 옳다면, 이런 신화들은 틀린 것이 분명하지만 그는 진심으로 이런 것들을 포기할 수 없었다. 비록 기독교 신앙의 지적 깊이와 회복력을 이해했음에도 불구하고 루이스는 신앙고백들 안에 보이는 배타주의를 의심하며 기독교에 완전히 헌신하는 것을 망설였다.

그는 1931년 9월 옥스퍼드 동료 J. R. R. 톨킨과 긴 대화를 통해 자신의 우려에 대한 설득력 있는 답을 얻을 수 있었다. 톨킨은 인간이 무의식적으로 창조와 구원의 기독교적 거대 내러티브를 흉내 내는 이야기를 한다고 논증했다. 그에게 이 내러티브의 강력한 힘 중 하나는 왜 우리가 의미에 관해 이야기하는지 그 이유를 설명해준다는 점이다. 위대한 신화문학에서 표현하는 선하고 진실하며 아름다운 것들은 '실제 세계에서 멀리 떨어진 광채나 복음의 메아리'라고 표현한다.[44] 기독교의 복음은 이러한 위대한 문학의 신화를 포함하는 '더 큰 종류의 이야기'를 가지고 있음을 분명하게 보여준다.

　루이스는 그리스도의 이야기가 '참된 신화', 즉 다른 신화와 같은 방식으로 작동하지만 실제로 일어난 신화임을 알게 되었다. 기독교는 문학적으로 신화와 같은 형식을 가지고 있다. 루이스에게 이것은 일련의 생각들을 전달하는 심오한 상상적 매력을 지닌 이야기를 의미했다. 북유럽 신화와 기독교 신화 사이에는 결정적인 차이가 있었는데 그것은 후자만이 사실이라는 점이다.[45] 이교적 신화는 기독교 안에서 궁극적으로 성취된 목적인 진리에 대한 불완전한 이해를 보여준다. 그것들은 기독교에 대한 메아리

44　J. R. R. Tolkien, *Tree and Leaf* (London: HarperCollins, 2001), pp. 71-2.

45　자세한 분석은 다음을 참조하라. Alister E. McGrath, *The Intellectual World of C. S. Lewis* (Oxford: Wiley-Blackwell, 2013), 'A Gleam of Divine Truth: The Concept of Myth in Lewis's Thought', pp. 55-82.

나 풍문, 기대로 봐야 한다. 신화는 기독교 복음만이 담을 수 있는, 실재보다 더 크고 완전한 비전을 나타낸다. 신화는 실재에 대한 부분적 통찰만을 담고 있을 뿐이며, 완전한 비전을 통해 변혁되어야 한다. 따라서 루이스는 이 지적 틀을 사용하여 북유럽과 그리스 신화에 대한 사랑을 기독교 틀 안에 둘 수 있었다.

그렇다면 이러한 생각은 우리를 어디로 데려가는가? 내 생각에 우리 모두에게는 우주와 자신에 관한 큰 그림이 필요하다. 그러나 과학이나 기독교는 각자 가진 것보다 더 큰 비전을 보여주지 못한다. 각각은 우리 삶의 일부를 밝혀주지만, 전부는 아니다. 과학은 선한 사람이 되는 방법을 말해주지 않으며, 기독교는 자연의 기초물리상수의 가치를 말해주지 않는다. 그러나 둘을 합쳐 생각한다면 더 큰 그림을 볼 수 있다. 그 둘은 서로를 용납함으로써 서로를 풍성하게 할 필요가 있다.[46]

내가 보기에 도킨스의 과학관은 쓸모없고 왜곡된 형

---

46 이 견해의 타당성을 탐구하려면 다음을 살펴보라. Alister E. McGrath, *Enriching Our Vision of Reality: Theology and the Natural Sciences in Dialogue* (London: SPCK, 2016).

이상학적 자연주의에 의해 형성된 것 같다. 게다가 신학적 틀이 과학에 대한 이해를 돕고 풍부하게 해주는 방법인데, 도킨스는 이를 가리고 있는 '과학과 신앙의 전쟁' 신화를 집요하게 붙들고 있다. 다행히도, 그의 저작에서 독단적 가정을 한쪽에 두고 자연의 아름다움과 정교함을 감탄하게 해주는 과학의 힘을 기쁘게 반영한 부분이 있다. 아쉽게도 루이스는 과학을 세세하거나 깊게 다루지는 않는다.[47] 그러므로 그의 독자들은 그의 일반적 관점에 기초하여 과학에 대한 자신들의 접근법을 추론해 볼 수 있다. 이는 어렵지 않을뿐더러 매우 가치 있는 일이다.

지금까지 도킨스와 루이스 그리고 그들의 관점을 간략하게 알아보았다. 이제 우리가 인생에서 더 흥미롭고 중요한 질문을 할 때 그들이 어떻게 도울 수 있는지 살펴보자. 믿음의 문제로 옮겨가 보자. 우리는 가장 소중히 여기는 믿음을 증명할 수 있는가? 그리고 증명해야 하는가? 그럴 수 없다면 어떤 일이 일어나는가?

---

47 다음의 좋은 설명을 살펴보라. Michael Ward, 'Science and Religion in the Writings of C. S. Lewis', *Science and Christian Belief* 25:1 (2013), pp. 3-16.

2

합리적 신념 : 믿음, 증명, 증거

RICHARD DAWKINS, C.S. LEWIS
and the
MEANING *of* LIFE

우리는 자신의 신념을 스스로 만들어내는 탈-진리의 시대를 살고 있다는 말을 자주 듣는다. 각자가 자신이 원하는 진리를 결정한 다음, 그것이 진리인 양 살아간다. 그리고 이러한 신념을 가지게 된 이유를 묻는 어려운 질문은 아무도 하지 않기를 바란다. 종교인들은 종종 '소망충족'wish-fulfilment이란 용어로 비난을 받는다. '소망충족'이란 20세기 초 무신론자이며 심리학사인 지그문트 프로이드Sigmund Freud가 만든 용어로 사람들은 존재하지도 않는 신을 믿음으로써 스스로를 위로하려는 욕구를 가진다는 뜻이다.

철학자 토마스 네이글Thomas Nagel은 그의 무신론이 처음부터 신에 대한 혐오로부터 시작되었음을 분명히 밝혔다.

"나는 신을 믿지 않는다. 그리고 그 신념이 참이기를 바라는 것뿐 아니라, 아예 신이 없었으면 좋겠다. 나는 신의 존재 자체를 원하지 않으며, 신이 있어야 하는 우주도 원하지 않는다."[48]

신을 향한 네이글의 개인적 적대감이나 그가 갈망했던 우주에 관한 관점은 객관적이라고 여겨지는 그의 철학적 분석에도 영향을 주었음을 지적하는 것은 어렵지 않다. 그러나 여전히 많은 사람들은 단순히 자신의 취향에 따라 신념을 만들어내고, 그 신념이 지적으로 온전하다는 것을 증명하기 위해 과거 경험을 근거로 삼는다. 리처드 도킨스와 C.S. 루이스는 그런 사고방식으로는 어떤 일도 하고 싶어 하지 않는다. 두 사람 모두 삶의 기반을 단지 기분 좋게 만드는 것에 두지 말고 참되고 진실한 것에 두어야 한다고 주장한다.

철학자 버트런드 러셀Bertrand Russell은 "현대 세계에서 어리석은 사람은 확신에 차 있지만 현명한 사람은 의심으로 가득 차 있다"고 말했다.[49] 무신론자인 러셀은 독일의 나치

---

48 Thomas Nagel, *The Last Word* (Oxford: Oxford University Press, 1997), p. 130.

49 Bertrand Russell, *Mortals and Others: Bertrand Russell's American Essays, 1931-1935*, vol. 2 (London: Routledge, 1998), p. 28. (『런던통신 1931-1935』, 사회평론)

즘을 염두에 두면서, 자기가 보기에 옳다고 여겨지는 진리를 주장하기 위해 지나치게 단순하거나 공격적인 언사를 사용하는 사람들, 그리고 이에 동의하지 않는 이들을 착각에 빠진 바보나 사기꾼으로 묘사하는 사람들을 향해 깊은 우려를 표했다. 단순함이 어떤 사람에게는 진리의 표식이지만, 러셀에게는 인간 지식의 한계와 우리 세계의 복잡성을 마주하는 데 실패했음을 보여주는 표지일 수 있다.

그러면 우리의 신념이 타당함을 어떻게 보여줄 수 있는가? 옳다고 증명할 수 있는가? 만약 증명할 수 없다면 차선책은 무엇인가? 이는 중요한 질문이다. 우리는 모두 종교적이든 윤리적이든 정치적이든 특정한 신념을 가지고 있다. 신은 존재하는가? 무엇이 선한 삶인가? 누구도 이런 질문에 확실히 대답할 수 없지만, 우리가 믿는 바에 대한 정당한 이유를 제시할 수는 있다. 이것이 러셀이 철학을 연구하는 것이 중요하다고 말한 핵심 이유이다. 철학은 우리에게 "확실성이 없어도, 주저함으로 무기력한 상태에 빠지지 않고 살아가는 법을 가르쳐 준다."[50]

---

50 Bertrand Russell, *A History of Western Philosophy* (London: Allen & Unwin, 1946), p. xiv. (『러셀 서양철학사』, 을유문화사)

그렇다면 이런 질문에 대해 루이스와 도킨스는 우리에게 어떤 도움을 주고 있는가? 먼저 루이스의 이야기를 들어보자.

루이스 : 조각 맞추기

루이스는 20세기에 기독교 신앙의 합리성을 가장 강력하게 옹호했던 사람들 중 한 명이다. 그의 독특한 접근법은 자신이 한때 지지했던 무신론보다 성경이나 기독교 전통에서 나온 관점이 인간의 공통된 경험을 좀 더 만족스럽게 설명해준다는 것이다. 이런 평가를 할 때 그의 주된 판단 기준은 관찰과 경험을 담아내는 능력에 있다.

일반적으로 루이스의 변증[51] 방식은 인간의 공통된 관찰이나 경험 중 하나를 명확히 확인하고, 그것이 기독교 관점 안에서 어떻게 자연스럽고 타당하게 들어맞는지 보

---

51 역자주: 변증은 기독교를 옹호하는 일에 관련된 이론과 실천을 나타내는 용어이다. 기독교에 대한 반론에 응답하며 이단적인 주장에 대응하고 신앙의 타당성에 증거를 제시하며, 신학적 체계들이 이성적인 정합성을 지니고 있음을 보여주는 일을 한다.

여준다.[52] 앞에서 살펴본 바와 같이, 그는 기독교가 실재를 보는 큰 그림을 제공한다고 말한다. 그 그림은 지적인 면에서 넓은 포용력을 가지고 있으며 상상의 면에서도 사물을 만족스럽게 보는 방식을 제공한다. 이를 통해 우리의 관찰이나 경험을 이해할 수 있게 도와준다. 예를 들어 루이스는 도덕적 의무감이라는 공통의 인간 경험이 기독교 틀 안에 쉽고 자연스럽게 받아들여진다고 논증한다. 또한 그는 인간에게는 달성하기 지극히 어렵겠지만 진정으로 의미있는 것을 갈망하는 공통의 감각을 가지고 있으며, 이것은 신에게서만 얻을 수 있는 인간성의 진정한 실현을 향한 실마리가 된다고 주장한다.

루이스의 사고방식은 '최선의 설명으로의 추론'inference to the best explanation이라는 접근법에 익숙해져 있는 많은 과학자에게 친숙할 것이다. 이 접근법에서 드러난 기준들은 관찰에 다양한 해석이 있음을 인정하고 어떤 설명이 가장 좋은지 정하도록 돕는 몇 가지 기준을 제시한다.

---

52 자세한 내용은 다음을 참조하라. Alister McGrath, *The Intellectual World of C. S. Lewis* (Oxford: Wiley-Blackwell, 2013), 'Reason, Experience, and Imagination: Lewis's Apologetic Method', pp. 129-46.

루이스에게 도덕성과 욕망에 관한 우리의 경험과 직관은 우주를 이끌어가는 뭔가가 있다는 막연한 느낌을 불러일으키는 단서가 된다. 우리가 경험하는 욕망이 우리의 참된 고향인 또 다른 어떤 장소에 대한 일종의 복사판이나 메아리나 신기루이듯, 우리의 도덕적 경험은 '우리가 발명하지 않았지만, 복종해야 함을 직감적으로 아는 진정한 법'을 암시한다고 어렴풋이 느끼기 시작한다. 그리고 이 의혹을 탐구하면서 우리는 이것에 상당한 상상과 설명의 잠재력이 있음을 깨닫기 시작한다.[53]

따라서 루이스는 독자들에게 '이런 방식으로 사물을 보도록 해보세요'라고 말하는 것처럼 사물을 기독교적 방식으로 보고, 그 입장에서 봤을 때 사물이 어떻게 보이는지 탐구하도록 이끈다. 세계관이나 메타내러티브를 렌즈에 비유한다면 어떤 렌즈가 사물을 가장 선명하게 보여줄 수 있겠는가? 여기에서 렌즈 자체는 아무것도 증명하지 않는다. 오히려 렌즈는 반복적, 맥락적 사용에 그 중요성이 있다. 다시 말해, 주어진 관점에 의해 만족스럽게 받아

---

53 C. S. Lewis, *Mere Christianity* (London: HarperCollins, 2016), pp. 25 (two), 21 and 137 respectively. (『순전한 기독교』, 홍성사)

들여지는 실재의 수가 더 많아질수록 그 관점을 더 신뢰하게 된다.

여기서 루이스는 1920년대에 걸쳐 그에게 점점 더 중요해진 주제, 소위 우리 외부 세계의 복잡성과 내부의 경험을 처리할 수 있는 세계관의 필요성을 제시한다. 무신론자 시절의 루이스는 조지 버나드 쇼^{George Bernard Shaw}와 H. G. 웰스^{H. G. Wells}와 같은 작가들이 "약간 얄팍하여" 깊이가 부족하고 그들의 작품이 "인생의 험난함과 목적"을 적절하게 드러내지 못하는 것을 발견했다. 반면에 기독교인이었던 시인 조지 허버트^{George Herbert}는 "우리가 실제로 살아가는 바로 그 인생의 본질을 전달"하되 "그것을 직접적으로" 전달하지 않고, 나중에 루이스가 '기독교 신화'라고 명명한 것을 통해서, "간접적으로 전달"한다고 주장했다.[54]

종교적 신념의 합리성과 관련한 이러한 접근은 세계에 대한 우리의 경험을 포용하며 그 의미를 분별할 수 있도록 돕는다. 하지만 몇 가지 반대 의견을 고려할 필요가

---

54 C. S. Lewis, *Surprised by Joy* (London: HarperCollins, 2002), p.249. (『예기치 못한 기쁨』, 홍성사)

있다. 예를 들어, 루이스는 우리가 신념을 판단할 때 그것이 사물들을 얼마나 잘 이해할 수 있게 만드는지 그 능력을 기준으로 삼아야 한다고 주장한다. 하지만 우리는 단순히 어떤 신념을 받아들이고 평가하기보다 그러한 신념을 받아들이게 만드는 증거가 무엇인지를 먼저 물어야 한다. 지극히 타당한 지적이다. 하지만 이것 역시 우리에게 이미 널리 알려진 문제가 존재한다. 루트비히 비트겐슈타인 Ludwig Wittgenstein이 지적했듯이, 하나의 동일한 명제나 생각은 어떤 때는 **검사의 대상**으로, 어떤 때는 **검사의 규칙**으로 취급될 수 있다.[55,56]

더 심각한 우려는 루이스가 지적 풍경을 비춰주는 태양으로 묘사한 기독교의 이미지에서 찾아볼 수 있다. 루이스는 태양이 사물을 밝히 비추듯이 기독교가 다른 세계관보다 더 분명하고 또렷하게 세상을 볼 수 있도록 돕는다고 말한다. 그러나 이 이미지는 기독교 세계관에는 잘 들어맞

---

55 Ludwig Wittgenstein, *On Certainty* (Oxford: Blackwell, 1974), p. 98.
56 역자주: 예를 들면 '물은 H_2O로 이루어져 있다'라는 명제가 검사의 대상이 되어 물이 H_2O로 이루어졌는지 살펴볼 수 있지만, 반대로 이것이 검사의 규칙이 되어 H_2O로 이루어진 물질을 물로 규정짓는 명제로 사용되기도 한다.

지 않아 보이는, 즉 사라지지 않는 그림자에 대한 문제를 제기한다. 루이스는 기독교가 실재에 전적으로 분명한 관점을 제시하지 않는다는 점을 밝히고, 자신이 쓴 책의 주제였던 고통과 고난의 문제와 같이 전체 그림에 조화롭게 들어맞지 않는 부분이 존재함을 기꺼이 인정한다.[57] 이에 루이스는 우리가 가능한 접근법들을 비교하고 무엇이 복잡하고 흐릿한 실재를 가장 잘 이해할 수 있게 하는지 살펴보아야 한다고 주장한다. 이때 우리는 그중 어느 하나가 옳다는 것을 보여줄 필요는 없으며, 그렇게 할 수도 없다. 그러나 우리는 여러 접근법 중에서 실재를 더 잘 이해할 수 있게 해주고 복잡한 삶에 더 잘 대처할 수 있도록 도와주는 관점을 보여줄 수는 있다.

루이스는 『순전한 기독교』에서 이 접근법을 사용했다. 그는 많은 사람이 '이 세상의 어떤 경험도 만족시킬 수 없는 욕구'를 경험한다고 말한다. 이러한 관찰을 탐구한 후, 그는 욕구 충족의 결여와 공허감을 이해하기 위한 세 가지 설명을 제시한다. 첫째, 이러한 좌절은 엉뚱한 장소

---

57 C. S. Lewis, *The Problem of Pain* (London: Centenary Press, 1940) and *A Grief Observed* (London: Faber & Faber, 1961). (『고통의 문제』, 홍성사)

에서 진정한 '목적'을 찾는 데서 생긴다. 따라서 우리는 찾는 일을 계속할 필요가 있다. 둘째, 발견해야 할 진정한 목적이 아예 없을 수 있다. 이 두 번째 설명이 참이라면, 목적을 찾는 일은 더 이상 소용이 없을뿐더러 반복되는 실망만 있을 것이다. 하지만 루이스는 이 지상적 갈망이 우리의 진짜 고향에 대한 '일종의 복사판이나 메아리, 신기루'에 불과하다는 것을 인정하는 세 번째 설명을 제시한다. 이 압도적인 욕구는 현 세계의 어떤 것으로도 충족시킬 수 없기에, 궁극적인 목적은 이 세계 너머에 있다고 주장한다. 루이스는 이 세 번째가 '가장 그럴듯한 설명'이라고 결론 내린다.[58]

도킨스 : 과학과 증거

자연과학의 최고 강점 중 하나는 증거에 기반하여 이론에 접근하는 것이다. 이론을 평가할 때 우리는 해석이

---

58 Lewis, *Mere Christianity*, pp.136-7. 더 자세히 살펴보고 싶다면 다음을 참조하라. Alister E. McGrath, 'The Rationality of Faith: How Does Christianity Make Sense of Things?', *Philosophia Christi* 18:2 (2016), pp. 395-408.

필요한 증거를 확인한 후 그 증거를 가장 잘 설명하는 이론을 찾아내려고 한다. 아인슈타인이 광전 효과[59]를 이론적으로 명석하게 설명해냄으로써 1921년 노벨 물리학상을 받은 것이 그 예가 된다. 도킨스는 종교적 신앙이 비판적 사고로부터 멀어지고 증거에 기반한 추론과는 관련이 없어 보이기 때문에 이를 못 미더워한다. 증거를 통한 과학적 평가에 강한 확신을 가진 그는 관측 가능한 것에 충분한 근거를 두지 않는 어떤 신념에 대해서도 비판적인 태도를 보인다. "나는 진리를 사랑하는 사람으로서 증거에 의해 뒷받침되지 않는 강한 신념을 의심한다."[60] 도킨스에게 종교적 믿음이란 증거가 결여된, 심지어 증거에 맞서기까지 하는 맹목적 신념이다.[61]

여기서 도킨스는 종교적 신념의 합리성에 몇 가지 심

---

59 역자주: 금속 등 물질이 지닌 한계 진동수보다 큰 진동수의 전자기파를 흡수했을 때 전자를 내보내는 광전효과가 1839년 발견되었고, 아인슈타인이 이 현상을 빛의 입자성을 가정하여 설명했다.

60 Richard Dawkins, *A Devil's Chaplain* (London: Weidenfeld & Nicholson, 2003), p. 117. (『악마의 사도』, 바다출판사)

61 Richard Dawkins, *The Selfish Gene*, 2nd edn (Oxford: Oxford University Press, 1989), p. 198. (『이기적 유전자』, 을유문화사)

각한 의문을 제기하며 세계와 삶을 이해하려는 과정에서 증명과 증거, 믿음의 중요성을 강조한다.[62] 신념이 어떤 형태를 취하든 간에, 그 신념을 지지하는 증거의 기반이 필요하다는 그의 주장은 전적으로 옳다. 1995년 '내 딸을 위한 기도'에서 그는 신념과 증거와 관련하여 몇 가지 중요한 점을 분명하게 지적하고 있다.

> 다음번에 누군가가 네게 뭔가가 참이라고 말할 때, 이렇게 물어보렴. "그것을 뒷받침하는 증거가 뭔가요?" 그리고 그가 좋은 대답을 내놓을 수 없다면, 그가 하는 말을 믿기 전에 아주 신중하게 생각하기를 바란다.[63]

따라서 도킨스는 전통이나 권위에 근거한 주장에 도전한다. 주장을 펼치는 사람이 얼마나 중요한지는 문제가 되지

---

62 이 시점에서 도킨스의 가장 좋은 연구 중 하나는 다음과 같다. Michael Shermer, 'The Skeptic's Chaplain: Richard Dawkins as a Fountainhead of Skepticism', in Alan Grafen and Mark Ridley (eds), *Richard Dawkins: How a Scientist Changed the Way We Think* (Oxford: Oxford University Press, 2006), pp. 227-35.

63 Richard Dawkins, *A Devil's Chaplain*, p. 248. (『악마의 사도』, 바다출판사)

않는다. 그 주장을 뒷받침하기 위해 제시하는 증거에 기반하여 그들의 신념을 판단할 뿐이다.

그는 증거를 제대로 사용하는 것이 필수 도구이며, 그 최선의 예는 자연과학의 실행에서 볼 수 있다고 주장한다. 과학은 증거에 기반하여 참으로 증명될 수 있는 것을 다룬다. 그러나 나는 도킨스가 인간으로서 자주 직면하는 명백한 딜레마, 즉 증명이 이루어질 만큼 충분한 증거가 없는 핵심적인 신념을 다루는 일에는 실패했다고 본다. 과학자들은 정기적으로 '증거에 의한 이론의 미결정성'underdetermination[64] 문제에 직면할 수밖에 없다.[65] 다시 말해, 각 이론은 동일한 증거로부터 부분적인 지지를 받고

---

64 역자주: 철학자 콰인(Williard V.O.Quine)은 주어진 증거만으로 신뢰할 만한 결정을 내리기에는 충분하지 않다고 설명한다. 보통 관찰에 의한 증거를 객관적이라 보지만, 핸슨(Hanson)에 따르면 중립적인 관찰은 존재하지 않는다. 기존의 이론과 사회적 문화적 관계에 따라 관찰에 대한 해석이 이루어지기 때문이다. 뒤엠(Duhem)과 콰인에 의하면 관찰은 경쟁하는 여러 이론의 우열을 가리는 기준이 될 수 없다. 하나의 관찰로 가능한 여러 이론을 설명할 수 있기 때문에 하나의 이론만을 지지한다고 볼 수 없다. 이를 '관찰에 의한 이론의 미결정성'이라고 설명한다.

65 Thomas Bonk, Underdetermination: *An Essay on Evidence and the Limits of Natural Knowledge* (Dordrecht: Springer, 2008)에서 제시된 비판적 철학 분석에 따라 도킨스의 다소 순진한 과학적 실증주의를 탐구하는 것은 흥미롭다.

있지만, 설명 가능한 여러 이론 중에서 하나의 이론을 받아들이라고 강요하기에는 그 증거가 불충분한 경우가 자주 있다.

도킨스에게는 과학에서 믿음이 있을 자리가 전혀 없다. 왜냐하면 오직 증거만이 확실하게 타당한 결론을 도출하기 때문이다. 그는 『이기적인 유전자』에서 "맹목적인 믿음"과 "압도적이며 공적으로 유효한 증거"를 이분법적으로 확실하게 분리할 것을 주장한다.

> 그러나 결국 믿음이란 무엇인가? 그것은 뒷받침하는 증거가 전혀 없는 상태에서 사람들이 무언가를 믿게 만드는 마음의 상태이다. 좋은 증거가 있다면 믿음은 필요 없다. 왜냐하면 증거는 어떤 식으로든 우리를 믿도록 만들기 때문이다.[66]

나는 신념을 뒷받침해주는 '좋은 증거'의 중요성을 충분히 인정하며, 자신의 신념을 비판적으로 성찰하지 않는 이들을 미심쩍어한다. 그러나 이 문제가 도킨스가 주장한 대로

---

66   Dawkins, *The Selfish Gene*, p. 330. (『이기적 유전자』, 을유문화사)

간단한지는 잘 모르겠다.

왜 그러한가? 결정적으로 중요한 문제는, 도킨스가 증거의 완전한 부재와 완전한 증거의 부재 사이를 구분하는 일에 실패하고 있다는 것이다. 예를 들어, 빅뱅이 단일 우주를 발생시켰는지, 아니면 다중 우주라고 불리는 일련의 우주들을 발생시켰는지를 두고 우주론에서 벌어지고 있는 현재의 논쟁을 생각해 보자.[67] 나는 전자를 지지하는 옥스퍼드의 뛰어난 과학자들을 알고 있다. 동시에 후자를 지지하는 훌륭한 과학자들도 알고 있다. 이 두 견해 모두 식견을 갖추고 생각이 깊은 과학자들의 정보에 의한 실제적인 선택지다. 이 과학자들은 자신들이 보기에 주어진 증거를 가장 잘 해석하는 방법이라고 판단된 것에 근거하여 결정을 내리고, 그들의 해석이 옳다고 **증명**할 수는 없지만 **믿는다**. 양쪽 모두 자신의 신념에 증거가 될 만한 것이 있을 수 있지만, 결정적으로 **설득력 있는** 증거는 어느 쪽에도 없다. 이런 경우처럼, 과학자는 자주 여러 가능한 결론

---

67 주요 사상가의 글은 다음을 참조하라. Bernard Carr (ed.), *Universe or Multiverse?* (Cambridge: Cambridge University Press, 2007).

중에서 증거를 가장 잘 설명하는 방법을 선택해야 한다.

도킨스는 우주를 관찰하여 이론에 도달하는 길을 찾아가기는 쉽다고 과장하는 반면, 증거를 통해 이론이 결정되지 못해서 생기는 지적인 어려움은 무시한다. 그렇지만 그가 과학에서 증거에 기반한 사고의 중요성을 강조하고 자신들의 생각을 단순히 받아들일 것을 요구하는 사람들, 증거를 무시하거나 우주와 인생의 의미를 진지하게 생각하기 꺼리는 사람들에 대해서 우려를 제기한 점은 전적으로 옳다.

어려운 점은 과학이 항상 단순한 판단을 내리지는 않는다는 것이다. 예를 들어, '양자 이론에 가장 적합한 접근법은 무엇인가?'와 같은 질문을 생각해 보자. 최근의 조사에 의하면 이 분야의 전문가들은 열 가지나 되는 다양한 해석을 따르고 있다. 이것은 이런 결정을 내릴 때 개인적 판단의 중요성을 다시 한번 보여준다.[68] 이런 해석들은 서로 일치하지 않기 때문에, 과학이 신념을 증명한다는 순진

68　Maximilian Schlosshauer, Johannes Kofler and Anton Zeilinger, 'A Snapshot of Foundational Attitudes toward Quantum Mechanics', *Studies in the History and Philosophy of Modern Physics* 44:3 (2013), pp. 220-30.

한 관점에 몇 가지 심각한 의문을 제기한다.

주목해야 할 또 다른 문제는 시간이 지남에 따라 증거가 점점 축적된다는 것이다. 예를 들어, 원거리 은하의 후퇴속도와 같이 전에는 접근할 수 없었던 양을 측정할 수 있게 해주는 새로운 형태의 기술이 개발됨으로써 새로운 증거들이 축적된다. 이는 때때로 과학적 사고에 극적인 변화를 가져온다. 제1차 세계대전 이전 우주에 대한 과학적 이해는 우주는 항상 존재해왔으며 시간의 흐름 속에서 지엽적인 변화만 있다고 생각했다.[69] 그러나 이제 우리는 우주가 약 138억 년 전에 빅뱅으로 인해 생겨났다고 믿는다. 엄청난 변화다! 이것이 바로 과학이 작동하는 방식이다. 즉 과학은 새로운 증거와 더 나은 이론이 개발되면서 생각을 변화시킨다.

도킨스는 자주 '증명할 수 없는 것'을 '거짓된 것'으로 바꾼다. 이것은 정당하지 않은 논리적 전환이다. 1999년 '과학이 영혼을 죽이는가?'라는 주제의 토론에서 한 청

---

69 이러한 발전의 좋은 역사를 보려면 다음을 참조하라. Helge Kragh, *Conceptions of Cosmos: From Myths to the Accelerating Universe* (Oxford: Oxford University Press, 2007).

중은 가까운 친구나 친척이 죽었을 때 과학은 종교가 주는 것과 같은 위로를 줄 수 있는지 물었다. 도킨스의 대답은 혼란만 주었다. "종교가 당신에게 위로를 준다는 사실이 종교를 진짜로 만들어 주지 않습니다. 사람이 거짓에 위로받기 원하는지 여부는 고려할 가치가 없습니다."[70] 여기에서 그는 '위로가 종교를 사실로 만들지 않는다'라고 해야 할 것을 '종교는 거짓이다'라고 쉽게 넘어가 버렸다. 도킨스가 자연스럽게 추론한 것처럼 보일지 모르지만, 논리적으로 타당한 결론은 아니다. A가 증명되지 않았기 때문에 A는 거짓이라고 할 수는 없다.

더 생각해 보기

도킨스와 루이스는 참으로 흥미롭고 마음을 사로잡는 사상가들이다. 이제 이들은 증거와 믿음을 주제로 어떻게 우리의 사고를 도울 수 있는가? 나는 우리가 믿는 바에

---

[70] 1999년 2월 19일 런던 웨스트민스터 센트럴 홀에서 가디언지(The Guardian)의 팀 래드포드(Tim Radford)가 의장을 맡은 리처드 도킨스와 스티븐 핑거 사이의 토론.

타당한 증거가 제공되어야 한다는 도킨스의 강조점을 존중하며 좀 더 많은 과학자들이 도킨스에게 주의를 기울이면 좋겠다. 나는 어째서 수많은 이론물리학자들이 1995년 에드워드 위튼Edward Witten이 제기한 (뒷받침할 수 있는 증거도 없고 어떤 예측도 하지 못하는) 초끈이론[71]을 좋아하는지 의문이었다. 많은 과학자들은 이를 순전히 판타지로 간주하며 이 이론에 매료된 동료들이 실험적 근원을 재발견하기 바라고 있다.[72] 또한 종교 신자들도 도킨스의 핵심 주장을 진지하게 받아들여 자신들의 믿음에 합리적인 근거들을 제시할 수 있으면 좋겠다. 루이스는 믿음에 관한 합리적 사례를 제시하는 종교 사상가의 좋은 본보기이며, 루이스와 같은 사람들은 우리의 더 넓은 문화 안에서 주목받을 필요가 있다.

도킨스와 달리 루이스는 세상과 삶을 이해하려는 철학적, 실존적 시도에는 수학과 논리의 정확성이 결여되어

---

71 역자주: 우주를 구성하는 기본 구조를 가느다란 끈으로 보며 세상에 존재하는 힘을 하나의 모형으로, 만물의 근원을 하나의 방정식으로 나타내고자 하는 시도이지만, 검증이 불가능하다는 치명적인 단점이 있다.

72 이 과학적 '판타지'에 대한 최근 비판은 다음을 참조하라. Roger Penrose, *Fashion, Faith, and Fantasy in the New Physics of the Universe* (Princeton, NJ: Princeton University Press, 2017).

있음을 강조하며 이 점에 대해서 좀 더 신중하다. 우리는 우리의 세계관이 관찰과 경험에 얼마나 잘 들어맞는지 분별해야 한다. 루이스는 단순히 선험적 기반 위에 하나님의 존재를 증명하려 하지 않는다. 대신에 그는 마치 우리가 모자나 코트가 맞는지 써보고 입어보는 것처럼, 우리가 관찰하는 세계와 우리 안의 경험이 기독교적 세계관에 어떻게 들어맞는지 보도록 권한다. 그는 내러티브가 삶의 복잡성에 대해서 소통하고 탐구하는 데 효과적인 방법이라 믿으며, 이런 논지를 펴기 위해 논쟁보다는 이야기를 통해 접근하는 것을 좋아한다.[73]

그렇다면 도킨스와 루이스는 자신의 세계관에 맞지 않는 것에 어떻게 대처하는가? 루이스의 경우 가장 명백한 불일치는 고통의 존재로 보인다. 그는 이 문제를 자각하고 『고통의 문제』*The Problem of Pain*와 『헤아려 본 슬픔』*A Grief Observed*이라는 두 개의 작품에서 이를 언급했다. 그의 사례가 지적으로 빈틈없진 않지만, 그는 그런 불일치에 따르는

---

73 이러한 측면에서 나니아의 중요성은 다음의 훌륭한 연구를 살펴보라. Rowan Williams, *The Lion's World: A Journey into the Heart of Narnia* (London: SPCK, 2012).

고민의 힘을 진지하게 받아들여서, 성육신적 믿음이 어떻게 고통의 존재를 수용할 수 있는지 보여주고, 고통에 따른 정신적 충격(트라우마)에 대처하는 방법까지 제시한다.[74]

도킨스의 경우, 그의 과학적 무신론에서 도드라지게 눈에 띄는 불일치는 유일신 혹은 여러 신을 믿는 사람들이 너무 많이 존재한다는 사실이다. 그가 그러한 신념에 대항하기 위해 다윈의 논리를 내세우지만, 도킨스의 주된 전략은 종교를 가진 신자들을 착각이나 정신질환을 가진 것으로 치부하면서 그들이 어리석다고 주장하는 것이다. 이것은 특별히 『만들어진 신』*The God Delusion*에서 잘 드러난다. "신을 믿는 것은 마치 이빨 요정이나 산타클로스와 같이 성장하고 나면 폐기되거나 반드시 폐기할 수밖에 없는 유아적 환상을 믿는 것과 같다. 종교를 가진 사람은 유아적 정신 상태에 갇혀 있으며 그들의 지적 성장은 멈춰있고 퇴보되었다."

이러한 접근은 루이스나 나처럼 **성인이 되어** 무신론에서 기독교로 이행한 사람들이 이해하기는 솔직히 힘들

---

74 Ann Loades, 'The Grief of C. S. Lewis', *Theology Today* 46:3 (1989), pp. 269-76.

다. 하지만 나는 우리가 믿는 바를 증명하거나 적어도 합리적인 이유를 제시해야 한다는 도킨스의 주장에는 전적으로 공감한다. 여기 유효한 증거를 바탕으로 내가 옳다고 믿는 세 개의 진술이 있다.

    1. 1870년 영국 더럼의 연간 강우량은 604.8mm이다.[75]
    2. 금 동위원소의 가장 안정적인 원자량은 197이다.[76]
    3. 물의 화학식은 H_2O이다.[77]

이 세 진술은 각각 증거에 엄격하게 근거하여 신뢰성의 최적 기준에 부합한다. 그러나 이들 중 **어느 것도 아주 중요해 보이지 않는다**. 이러한 진술에 근거한 세계는 아주 하찮고 시시할 뿐 아니라, 단순한 사실의 모음일 뿐이다. 나는 그런 세계 속 삶이 만족스럽지 않으며 의미 있는 일

---

75 Timothy P. Burt, 'Homogenising the Rainfall Record at Durham for the 1870s', *Hydrological Sciences Journal* 54:1 (2009), pp. 199-209.

76 J. R. de Laeter et al., 'Atomic Weights of the Elements: Review 2000 (IUPAC Technical Report)', *Pure and Applied Chemistry* 75:6 (2003), pp. 683-800.

77 이 진술의 복잡한 특징들에 대해서는 다음을 참조하라. Barbara Abbott, 'Water = H_2O', *Mind* 108:429 (1999), pp. 145-8.

도 아닐 것이라 확신한다. 우리는 뭔가 더 필요하다.

이것이 그렇게 많은 사람들이 유효한 증거를 넘어서 무엇이 선하고 우리가 어떻게 살아야 하는지를 알아내는 데 도움을 주는 사회적, 정치적, 윤리적, 종교적 신념을 갖는 이유이다. 이번에는 참이라고 입증될 수는 없지만, 영향력 있고 중요한 신념의 세 가지 예를 살펴보자.

1. 신은 없다.
2. 신은 있다.
3. 민주주의는 정부의 가장 좋은 형태이다.

각각의 견해는 오늘날의 복잡하고 다면석인 세세에서 어느 정도 지지를 받고 있다. 그러나 이들 중 어느 것도 진리로 증명될 수는 없다. 만약 우리가 도킨스의 기준을 따라 옳다고 증명될 수 있는 신념만 받아들였다면, 우리는 이 세 개의 신념뿐 아니라, 종교(와 그 비판자들), 윤리, 정치의 세계로부터 생겨난 많은 다른 신념들로부터 등을 돌려야 할 것이다. 그러나 우리는 그러지 않는다.

왜 그런가? 우리는 도킨스가 생각했던 것보다 세상이

훨씬 더 복잡하다는 것을 알기 때문이다. 당신은 2 + 2 = 4와 같은 간단한 진리를 증명할 수 있다. 그러나 실제로 심오하고 중요한 신념은 증거 너머에 있고, 우리는 이와 함께 사는 법을 배워야 한다. 도킨스의 신무신론 동료 크리스토퍼 히친스Christopher Hitchens가 얼마나 자주, 증명되지 않은 도덕적 가치에 근거하여 유신론을 비판하는지 주목해 보면 흥미롭다. 그의 추정인 듯한 도덕적 가치는 그의 독자들과 공유되고 당연히 옳다고 여겨질 것이다. 그러나 이런 가치들은 유신론과 마찬가지로 입증되지 않았고 입증될 수도 없다.

이 문제는 이미 널리 인정되고 있다. 예를 들어 버트런드 러셀Bertrand Russell은 (적어도 대중적인 의미에서) 자신을 무신론자로 규정했다. 그러나 그는 실제로 신이 존재하는지에 관한 질문이 어떤 식으로든 증명될 수 없음을 알고 있었던 불가지론자[78]였다.[79] 그의 무신론은 기본적으로 생활 방식의 선택이었다. 즉, 궁극적으로 믿음의 행위를 포함

---

78 역자주: 신과 같은 초경험적인 것의 존재와 본질을 인간이 인식하는 것은 불가능하다는 입장이다. 무신론은 신이 없다고 주장하지만, 불가지론자는 신이 있는지 없는지 모르며, 알 수도 없다는 견해의 차이가 있다.

79 Bertrand Russell, *Bertrand Russell Speaks his Mind* (London: Barker, 1960), p. 20 and *Essays in Skepticism*(New York: Philosophical Library, 1963), pp. 83-4.

하는 것을 인지하면서 어떤 특정한 방식으로 살고 행동하기로 결정하는 것이다. 도킨스는 이런 입장을 '사실상의 무신론'이라고 묘사하며 다음과 같이 요약했다. '나는 확실히 알 수는 없지만 신이 정말 있을법하지 않다고 생각하고, 신이 없다는 가정 아래 내 인생을 살아간다.'[80]

물리학자인 존 폴킹혼 John Polkinghorne 도 비슷하게 어떤 형태의 인간 탐구도 그 결론에 절대적인 확신을 얻을 수는 없다고 지적했다. 폴킹혼은 기독교가 지적으로 그리고 인격적으로 강력한 설득력을 가지고 있음을 발견했다. 그러나 그는 과학과 종교 어느 것도 논리적으로 명명백백하여 오직 바보만 부인할 수 있는 그런 종류의 증명을 확립하거나 획득할 수 없다는 점을 분명히 했다.[81] 과학과 종교 모두 어느 정도 지적 불안정성을 가지고 있다. 왜냐하면, **받아들이기** 좋은 이유를 가지고 있지만 그것이 진리임을 **증**

---

80 Dawkins, *The God Delusion* (London: Bantam, 2006), pp. 50-1. (『만들어진 신』, 김영사)도킨스는 이 입장에 동의의 정도를 나타내지만, 또한 자신을 '강한 무신론자' 즉 '신이 없다는 것을 알고 있다'고 말할 수 있는 사람으로 여길 것임을 나타내고 있다.

81 John Polkinghorne, *Theology in the Context of Science* (New Haven, CT: Yale University Press, 2009), pp. 125-6.

명할 수 없는 신념에 헌신하는 것이 '인간으로서 피할 수 없는 인식의 조건'이기 때문이다.[82]

2006년 『만들어진 신』*The God Delusion*이 출판된 이후, 도킨스는 진리에 관한 단순한 관점에서 벗어나 인간으로서 직면하고 있는 이 딜레마를 인식하게 된 것 같다. 그 딜레마란 우리가 절대적인 증거를 벗어난 무언가를 믿지만 그 믿음을 당연하다고 여기는 신념이다. 도킨스는 그가 종교적인 신념을 비난하는 데 사용하는 합리적이고 증거에 입각한 기준을 제시한다. 그런데 왜 그는 동일한 기준을 자기 자신의 신념에는 적용하지 않는가? 이 주목할 만한 합리성의 불균형은 신무신론 운동 전체에 내재된 중대한 취약성을 드러내며 자주 비판자들로부터 도전을 받는다. 도킨스는 그가 종교를 비판할 때 사용하는 합리성의 기준에 비추어 볼 때 자신이 헌신했던 무신론의 형태가 지속 불가능할 것이라는 두려움에 사로잡혀 있다. 이러한 기준은 너무나 쉽게 비판자들에 의해 반격의 무기로 사용된다. 남을 판단하는 기준으로 자신을 판단하라!

---

82 Polkinghorne, *Theology in the Context of Science*, p. 126.

이처럼 도킨스는 때로 자신의 접근 방식으로 인해 중대한 어려움에 직면하곤 했다. 2012년 2월 옥스퍼드대학교 주최로 열린 로완 윌리엄스Rowan Williams와의 정중하고도 사려 깊은 토론에서 도킨스는 그가 신이 없다는 것을 증명할 수 없음을 분명히 했다.[83] 그러므로 어떤 의미에서 그는 불가지론자였다.

루이스도 마찬가지로 확실성을 찾는 인간 탐구의 한계를 확실하게 인식하고 있었다. 그는 신을 우리 세계를 이해하고 그 안에서 의미 있게 살아가는 최선의 방법으로 보았다. 그러면서도 이 신념이, 페르마의 마지막 정리가 수학적으로 증명되는 방식처럼 증명될 수 없음을 알고 있었다.

다행스럽게도 이것은 카를 포퍼Karl Popper가 인생의 의미와 같은 '궁극적 질문'이라고 부르는 것에 대한 우리의 대답을 증명하라는 경솔한 요구로부터 벗어나게 한다. 포퍼에게 있어 이런 질문들은 과학적 실험이나 이성적 논쟁

---

83 이 토론 기록은 다음을 참조하라. 〈https://podcasts.ox.ac.uk/nature-human-beings-and-question-their-ultimate-origin〉.

을 통해서 결정적인 대답을 얻을 수 없다. 그런 질문들은 유창하고 능란한 답변을 완강히 거부하면서도 여전히 인간에게 매우 중요한 것으로 남아있다.

우리는 여기서 신중하게 살펴볼 것이 있다. 종교는 자주 신에 대한 신념으로만 규정되고, 동일하게 중요한 인간 존재의 존엄성과 운명에 대한 신념은 간과된다는 점이다. 믿음은 초월자에 대한 교리의 집합일 뿐 아니라 동료 인간을 어떻게 이해하고 반응해야 하는지와 관련된 헌신의 집합이기도 하다. 종교는 그저 이념에 관한 것인가? 종교적 신념에 연결된 실천과 태도 및 가치에 대한 것은 어떻게 되는가? 무신론자 알랭 드 보통Alain de Botton은 최근 무신론자들에게, 종교에 대한 조잡한 합리주의적 설명을 포기하고, 종교적 헌신과 실천의 다양한 모습이 어떻게 공동체 의식을 만들어내고 사람들을 자연 세계와 효과적으로 연결시키는지 제대로 인식해야 한다고 주장했다.[84]

도킨스와 루이스는 각자 다른 방식으로 그리스도인들로 하여금 믿음의 본질을 성찰하도록 돕는다. 도킨스는

---

84 Alain de Botton, *Religion for Atheists: A Non-Believer's Guide to the Uses of Religion* (London: Penguin, 2013). (『무신론자를 위한 종교』, 청미래)

종종 그의 우려를 과장해서 말함으로써 무신론에 비판적이지 않은 사람들에게 다음과 같이 호소한다. 믿음은 '증거가 결여된 맹목적인 신념'[85], '사고가 없는 과정', '어떤 정당화도 요구하지 않고 어떤 논쟁도 허용하지 않는 악'이다.[86] 나는 도킨스가 올린 여성과 무슬림에 대해서 터무니없는, 정확하게는 조롱하는 일련의 트위터 게시물을 보고 그가 예전 습관으로 돌아갔음을 확인했다. 나는 이처럼 도킨스가 자신이 이해하지 못하는 것에 대해서 갈피를 잡지 못하는 과장된 말을 하기 전에, 정말로 기독교 작가들의 작품을 더 많이 읽어야 한다고 느낀다.

루이스에게도 우려할 점이 있다. 그중 하나는 믿음을 위한 합리적 논쟁을 과도하게 강조하는 것과 관련이 있다. 결과적으로 어떤 그리스도인들은 자신의 믿음이 진리라는 것을 보여주는 일에 집착하여, 자주 비판자들의 '얄팍한 합리주의'[87]를 그대로 따라 하면서, 기독교가 가진 의미의 중요성을 강조하고 삶을 변화시키는 힘을 드러내는 일

---

85 Dawkins, *The Selfish Gene*, p. 198. (『이기적 유전자』, 을유문화사)

86 Dawkins, *The God Delusion*, p. 308. (『만들어진 신』, 김영사)

87 Lewis, *Surprised by Joy*, p. 197. (『예기치 못한 기쁨』, 홍성사)

에 실패하곤 한다. 루이스의 주장에서 주목해야 할 부분은 이야기가 기독교 신앙의 합리성을 탐색하고 그 경쟁하는 대상들의 타당성에 도전하며 삶을 변화시키는 기독교의 능력을 표현하는 데 훨씬 더 좋은 방법이라는 것이다.[88] 믿음은 인간의 이성을 회피하지 않는다. 합리주의라는 엄격한 '쇠창살'[89](막스베버의 유명한 용어)에 갇혀 있기보다는 그 한계를 인식하고 초월한다.

아마도 도킨스와 루이스를 구분 짓는 가장 큰 질문은 신의 존재 여부일 것이다. 다음 장에서 우리는 이 중요한 문제에 관한 토론을 깊이 고찰해보고 그로부터 무엇을 배울 수 있는지 살펴볼 것이다.

---

88 Gilbert Meilaender, 'Theology in Stories: C. S. Lewis and the Narrative Quality of Experience', *Word and World* 1:3 (1981), pp. 222-30.

89 역자주: 막스베버는 합리성을 위하여 만든 관료제가 개인의 자유와 인간성을 소외하여 쇠창살(iron cage)에 갇히게 하듯 근대 이후 보편화된 지나친 합리성 추구가 오히려 목적 달성을 방해하는 현상을 발생시켰다고 지적했다.

3

신은 존재하는가?

RICHARD DAWKINS,
C.S. LEWIS
and the
MEANING
of LIFE

대중적인 토론은 아주 재미있다. 우선, 그들은 학문과 진지한 논쟁은 제쳐두고 토론 상대방의 생각을 조롱하는 데 집중한다. 내가 크리스토퍼 히친스Christopher Hitchens와 토론하며 느낀 즐거움 중 하나는 종교인이나 그가 좋아하지 않는 사람들을 무시하면서 화려한 수사학적 미사여구로 허세를 부리며 자신의 생각을 펼쳐내는 능력이었다. 나로서는 따라잡을 엄두도 낼 수 없었다. 히친스의 말을 다 듣고 난 후, '나는 확신만큼 설득력 있는 것은 없다.'[90]는 아리스토텔레스의 말이 여전히 옳다는 것을 깨달았다. 여기서 대중 강연자들에게 주는 교훈이 하나 있다. "당신이 가진 증거가 빈약할 때는 미사여구를 강하게 사용하라."

하지만 대부분의 사람들은 인생의 큰 질문들에 피상

---

90 Aristotle, *Rhetoric* 1356 b 28. (『아리스토텔레스의 레토릭』, 민지사)

적인 접근만으로는 만족하지 않는다. 그런 토론이 얼마나 즐거웠는지는 중요하지 않다. 토론은 즐거움을 주는 예능의 한 형태일 수 있지만, 애석하게도 인생의 큰 질문들을 해결하지는 못한다. 학문은 상황을 복잡하게 만들고, 종교적인 혹은 세속적인 선동가들이 바라는 것처럼 문제가 단순하지 않음을 보여준다. 이제 도킨스와 루이스의 도움을 받아 신에 대한 문제를 깊이 생각해 보자.

먼저 '종교를 갖는 것'과 '신을 믿는 것'은 같지 않다는 점을 분명히 할 필요가 있다. 진지한 학문은 신무신론 운동의 종교관, 즉 신을 믿는 것과 종교를 동일시하는 단순한 정의를 거부한다. 예를 들어 다니엘 데닛^{Daniel Dennett}은 '신이 없는 종교는 등뼈가 없는 척추동물과 같다'는 기괴한 진술을 했다.[91] 그러나 종교를 공부한 웬만한 학생이라면 세계의 주요 종교 중 하나인 불교에는 그런 핵심 신앙이 없음을 알고 있다. 학자들은 데닛과 같은 신무신론 작가들이 미국적 상황에서 통용되는 종교에 관한 가정을

---

91 Daniel C. Dennett, *Breaking the Spell: Religion as a Natural Phenomenon* (New York: Viking Penguin, 2006), p. 9. (『주문을 깨다』, 동녘사이언스)

보편적인 것으로 받아들였다고 질책했다.[92]

지금까지는 아무도 진정한 '종교'의 정의를 제시하지 못한 것 같다. 그 이유를 밝히는 건 어렵지 않다. 왜냐하면 '종교'는 과학적이거나 학문적인 개념으로 작동하기 보다는 유럽인이 고안해낸 정치적, 이데올로기적 도구로서 더 잘 작동되었기 때문이다.[93] 이러한 종교에 대한 보편화된 생각은 매우 잘못 형성된 개념이다. 이런 이유로 나는 단순하게 신을 믿는 신앙에 논의의 초점을 맞추려 한다. 그렇게 해야 제대로 논의를 펼쳐갈 수 있을 것이다. 도킨스와 루이스는 이 질문을 좀 더 확장시켜 논의를 전개한다. 그러므로 그들이 제기한 몇 가지 요점들을 살펴보고 그것들이 우리가 이 문제를 고찰하는 데 어떤 도움을 주는지 알아보자.

---

92 Donovan Schaefer, 'Blessed, Precious Mistakes: Deconstruction, Evolution, and New Atheism in America', *International Journal for Philosophy of Religion* 76:1 (2014), pp. 75-94.

93 학문적인 개념은 다음을 참고하라. Jonathan Jong, 'On (Not) Defining (Non) Religion', *Science, Religion and Culture* 2:3 (2015), pp. 15-24.

도킨스 : 증거 없는 망상으로서의 신

도킨스는 신은 선한 존재 혹은 가장 선한 존재라는 생각을 증거가 결여된 신념, 즉 망상의 예로 본다. 왜냐하면 사람들이 신을 믿는 이유는 종교적으로 강압적인 가족이나 학교로 인해 이런 신념이 주입되었거나 혹은 세계에 대한 더 우월한 과학적 이해를 진지하게 생각할 기회가 없었기 때문이다. 도킨스는 이 과학적 이해가 신을 믿는 믿음을 불필요하고 받아들일 수 없게 만든다고 설명한다. 신을 믿는 데는 타당한 이유가 있을 수 없다. 현대인이 신을 믿는 것은 비합리적이며, 그런 믿음이 신뢰할만하다 여겨졌던 과학 이전의 시대로 역행하는 것으로 보아야 한다.[94]

이는 중요한 논쟁이다. 도킨스는 우리 주변의 보이는 것을 설명하기 위해서 신과 같이 보이지도 않고 볼 수도 없는 실체를 들먹이는 사람들에게 비판적이다. 과학은 많은 이유로 우리 세계를 이해하는 뛰어난 수단으로 명성을 획득했다. 그 이유 중에는 관찰할 수 없는 것에 대한 회의

---

94 Richard Dawkins, *The God Delusion* (London: Bantam, 2006), pp. 111-59. (『만들어진 신』, 김영사)

론도 포함된다. 그러나 과학자들이 '현상을 있는 그대로' 관찰하려고 하지만, 그 관찰을 설명하는 일에는 암흑물질과 같이 관찰되지도 않고 관찰할 수도 없는 실체를 가정한다는 사실이 자주 드러난다.

뉴턴의 중력 이론을 생각해 보자. 이제는 이 개념을 어려워하는 사람이 거의 없지만, 17세기에 뉴턴의 주장이 발표되었을 때는 중력이 어떤 감각기관으로도 관찰되거나 경험될 수 없다는 이유로 인해 충격적인 사상으로 여겨졌다. 뉴턴은 중력을 관찰할 수는 없지만, 우리가 관찰하는 것을 이해할 수 있게 해준다는 점을 분명히 했다. 이것은 관찰 가능한 현상으로부터 그 현상을 가장 잘 설명해주는 관찰 불가능한 실체로 나아가는 성낭한 과학적 추론이었다.[95]

그리스도인들은 신을 믿는 것이 우리의 관찰과 경험을 전체적으로 조화시키는 더 큰 체계나 큰 그림을 제공하기 때문에 우리의 세계를 더 잘 이해할 수 있다고 말한다.

---

95 Lawrence Sklar, *Space, Time, and Spacetime* (Berkeley, CA: University of California Press, 1977), p. 162.

도킨스는 이를 관찰되지도 않고 본질적으로 이해하기 어려운 실체인 신을 우주의 구성물 목록에 추가하는 것과 같다고 비판한다. 과학은 사물을 가능한 한 단순한 상태로 있게 한다. 이것이 도킨스가 무신론을 기독교보다 선호하는 이유이다. 무신론은 기독교보다 더 단순하고 깔끔해 보인다.

타당한 지적이다. 내가 관찰한 대상에 대한 가능한 몇 가지 과학적 설명 중 어느 것이 최선인지 결정하라는 요청을 받았다고 가정해보자. 이런 상황에서 자주 사용되는 준거 중 하나는 단순성이다. 리처드 스윈번Richard Swinburne은 바로 여기에 초점을 맞추고, 유신론이 우리가 사는 세계를 가장 명쾌하고 간단하게 설명한다고 주장한다.[96] 반면 일부 무신론자들은 유일신을 믿는 것보다 아무 신도 믿지 않는 것이 더 쉽다고 주장한다. 비록 몇몇 과학철학자들은 가장 단순한 이론이 언제나 최선이라고 주장해 왔지만 과학의 역사는 이 주장을 지지하지는 않는다.[97]

---

96 Richard Swinburne, *Simplicity as Evidence for Truth* (Milwaukee, WI: Marquette University Press, 1997).

97 Hauke Riesch, 'Simple or Simplistic? Scientists' Views on Occam's Razor', *Theoria* 25:1 (2010), pp. 75-90.

우리가 주목해 보았듯이 도킨스는 무신론의 지적 단순성을 강조하면서 종종 기독교가 소위 신이라고 하는 추가적인-하지만 전혀 불필요한-항목을 우주의 구성물 목록에 덧붙인다는 식으로 논리를 전개한다. 이로써 도킨스는 한편으로는 무신론의 개념적 단순성의 우월함을 강조하고 다른 한편으로는 신의 존재에 대한 증거를 요구한다. 그러나 그리스도인들은 하나님을 해왕성 주위를 돌고 있는 새로운 위성과 같이 우주 내부에 있는 물리적인 사물로 보지 않는다. 하나님은 인간의 모습으로 자신을 드러내셨지만 우주 너머, 우주의 배후에 계시는 만물의 근본이자 원인이다. 케임브리지대학교 신학대학 교수인 윌리엄 잉에William Inge, 1860-1954는 합리주의자들은 세계 안에서 '신을 위한 자리'를 찾으려 하나, 신을 그림이나 도표의 일부로 생각하지 말고 '그 그림이 그려지는 캔버스나 그 캔버스의 형태를 잡아주는 틀'로 생각하라고 말했다.[98]

그러나 도킨스는 신의 도덕적 속성이라는 매우 심각하게 받아들여야 할 주제를 지적한다. 도킨스에게 신이란

---

98 William Ralph Inge, *Faith and Its Psychology* (New York: Charles Scribner's Sons, 1910), p. 197.

지적으로는 불필요하고 도덕적으로는 불쾌한 존재다. 신은 인간성을 지적인 구속복에 가두고 옥죄는 폭군이자 압제자다. 『만들어진 신』은 구약의 모든 페이지에서 드러난 '끔찍한 신'을 현란한 입담으로 표현하고 있다.[99] 어떤 사람들은 이것을 유대교에 대한 편견에 치우친 정형화라고 여긴다. 그러나 어떤 이들은 신약의 하나님이 사랑과 자비를 강조하는 것을 감안할 때, 도킨스가 구약에만 초점을 맞춘 것은 어떤 형태의 유일신 사상도 믿을 수 없게 만들기 위한 전략이라고 본다.

구약학자들은 도킨스가 구약의 본문을 제대로 읽어 내지 못했다고 비난한다. 특히 그는 구약 전체에 담긴 하나님에 대한 관점의 복잡성을 제대로 이해하지 못하고, 또한 그리스도인들이 예수 그리스도를 율법과 선지자의 말을 완성하는 분(마태복음 5:17)으로 보는 관점에서 구약을 해석한다는 사실을 깨닫지 못했다.[100] 이것이 그렇게 많은 사

99　Dawkins, *The God Delusion*, p.108. 이 신을 다른 곳에서 '정신적 범죄자'(p. 38)와 '잔혹한 거인'(p. 250)으로 묘사한다. (『만들어진 신』, 김영사)

100　Katharine Dell, *Who Needs the Old Testament? Its Enduring Appeal and Why the New Atheists Don't Get It* (London: SPCK, 2017).

람들이 도킨스를 비롯한 여러 신무신론자들을 비판하는 이유 중 하나다. 그들은 무신론을 옹호하고 변론하기 위해 기독교의 하나님과는 거의 관계가 없는, 자기들 마음에서 고안해낸 이상화된(혹은 악마화된) 신의 개념을 두고 조롱하고 비방하기 때문이다. 이런 행위는 종교에 대한 문화적 의혹을 기반으로 이루어지며 기독교적 신념과 실천에 대한 일반인의 지식을 약화시키고 파괴한다.

도킨스는 위와 같이 몇 가지 중요한 질문을 제기한다. C. S. 루이스도 이 대화로 불러들여 그가 우리에게 어떤 주제를 펼쳐내는지 살펴보도록 하자.

루이스 : 마음의 갈망인 하나님

우리는 루이스가 10대 시절, 생각이 있는 사람이라면 누구나 무신론을 당연한 것으로 받아들이리라 여겼다는 것을 이미 살펴보았다. 그러나 그 후 10년의 시간이 흐르는 동안 그는 이런 사고방식이 상상의 면에서나 정서의 면에서 확신하게 되면서 무신론에 대해 의심을 품기 시작했다. 루이스는 1차 세계대전의 잔혹함과 명백한 허무를 경험하면서 처음에는 무신론을 확신하였으나 더 깊은 성찰을 통해 이 문제가 그리 간단하지만은 않음을 깨달았다.

> 하나님을 반대하는 나의 논거는 우주가 너무나 잔인하고 불의하다는 데 있었다. 그렇다면 나는 정의니 불의니 하는 개념을 어떻게 가지게 된 것일까? 만약 인간에게 직선의 개념이 없었다면 굽은 선이라는 개념도 없을 것이다. 그렇다면 세상이 불의하다고 판단할 때 나는 이 우주를 무엇에 비교하고 있는 것일까? … 하나님이 존재하지 않는다는 것, 달리 말해 실재 전체의 무의미함을 증명하려 하다 보면, 어쩔 수 없이 실재의 한 부분 -즉 정의에 대한 나의 생각- 만큼은 전적으로 의미 있다는 가정을 할 수밖에 없음을 알게 되었다.[101]

루이스는 무신론에서 기독교로 단계적으로 옮겨왔다. 처음에 그는 신의 개념이 인간의 도덕적 가치를 설명하고 확증해준다는 것을 깨달았다. 그러나 본질적으로 철학적인 이런 관념이 단지 신에 **대해서**가 아니라 살아있는 존재로

101　C. S. Lewis, *Mere Christianity* (London: HarperCollins, 2016), p. 38. (『순전한 기독교』, 홍성사)

서, 우리가 인격적으로 알 수 있는 신이란 생각으로 나아가도록 했다. 그렇게 루이스는 신을 인간이 가진 갈망의 근원이자 목적으로 보게 되었다. 그가 하나님을 믿는 근거는 자신을 더 행복하게 만들어서가 아니라 신에 대한 기독교적 관점이 참되고 믿을만하며 그런 신앙의 끝에 기쁨과 만족감이 있기 때문이다.

루이스에게서 신을 믿는 신앙은 실생활에서 벗어난 오락도 아니었고 위안을 찾는 거짓된 수단도 아니었다. 신을 발견하는 일은 그의 참된 정체성을 발견하고 자신과 세계에 대한 새로운 관점으로 그의 이성과 상상을 재조정하는 것이었다. 신은 우리 우주 안에 존재하는 사물이나 단순한 추상적인 철학적 관념도 아니다. 비록 우리의 탐구는 이성적인 주장을 가지고 시작하거나 아니면 그 과정에서 그런 것들을 취할 수 있겠지만 탐구가 추구하는 것은 인격적 실재이다.

> [신의 존재]는 그것이 질문인 한 추측성 질문이다. 그러나 그것에 대하여 일단 긍정적인 대답을 하고 나면, 당신은 완전히 새로운 상황에 처하게 된다. … 당신은 더이상 당신의 동의를 요구하는

어떤 주장과 만나는 것이 아니라, 당신의 신뢰를 요구하는 한 인격자와 만나게 된다.[102]

루이스가 말하고자 하는 핵심은 종교적 신념이 과학적 이론을 지배하는 것과는 종류가 다른 합리적 규범들 위에 근거한다는 점이다. 종교적 신념은 '인격적 관계의 논리'에, 과학적 이론은 '추론적 사유의 논리'에 지배된다.

루이스에게 하나님은 '역동적인 활동, 생명, 일종의 드라마에 가까운 분'이다. 경건치 못한 표현이라고 여길지 모르겠지만, 그는 일종의 춤에 가까운 분이다.[103] 하나님을 믿는다는 것은 하나님에 대한 관념에 지적으로 동의하는 것이 아니라 우리 세계의 더 큰 그림 안으로 들어가 그 그림의 일부가 되는 것이다. '우리 각 사람은 그림 속에 들어가야 하고 그 춤에 참여해야 한다. 그 외에 행복해질 수 있는 다른 길은 없다.'[104] 하나님을 믿는 것은 신학적 명제에

---

102 C. S. Lewis, ed. Lesley Walmsley, *Essay Collection: Faith, Christianity and the Church* (London: Collins, 2000), pp. 213-14.

103 Lewis, *Mere Christianity*, p. 175. (『순전한 기독교』, 홍성사)

104 Lewis, *Mere Christianity*, p. 176. (『순전한 기독교』, 홍성사)

동의하는 것이 아니라, 어떤 이야기—루이스가 『나니아 연대기』에서 구체적으로 발전시킨 사상—속으로 들어가거나 하나님의 춤에 참여하는 것이다. 그것은 새로운 세계로 들어가는 것이며 그 안에서 의미 있게 살아가는 것이다. 신학은 우리 자신과 세계를 보는 새로운 관점의 전제조건이 아니라, 그런 관점을 반성적으로 살아낸 결과물이다.[105]

우리는 어떤 신을 이야기하고 있는가? 루이스는 그 신은 바로 예수 그리스도를 통해 알려지고 만날 수 있게 된 하나님으로서, 그분이 가진 의미는 이성과 상상 모두를 통해 파악되어야 한다는 점을 분명히 한다. 하나님에 대한 믿음은 우리가 세상을 이해하도록 도와주어 세상을 바로 보도록 한다. 또한 우리와 우주가 의미하는 바가 무엇인지, 어떻게 우리 삶의 방식에 영향을 미치는지 분별하는 것과 관련된다. 루이스에게 '이성은 자연적인 사실을 찾는 기관이지만 상상은 의미를 찾는 기관이다.'[106] 그러므로 단

---

105 이 주제에 대한 탐구는 다음을 보라. Alister McGrath, *Mere Discipleship: Growing in Wisdom and Hope* (London: SPCK, 2018). (『지성의 제자도』, 죠이북스)

106 C. S. Lewis, ed. Walter Hooper, *Selected Literary Essays* (Cambridge: Cambridge University Press, 1969; repr. 2013), 'Bluspels and Flalansferes:

테가 기독교 신앙에 관한 중요한 글에서 언급했듯이, 우리는 교리를 이해할 수 있을 뿐만 아니라 그림을 볼 수도 있다.[107]

루이스는 과학자처럼 그의 신념을 자신의 관찰과 대조하여 확인함으로써 그 신뢰성을 평가하려고 했다. 이것은 그가 왜 자기 자신을 '경험적 유신론자'empirical theist라고 불렀는지 이해할 수 있게 해준다. 그는 기독교가 자신의 경험과 얼마나 잘 들어맞는지를 질문함으로써 기독교―특히 신에 대한 기독교의 이해―를 평가하였다. 『순전한 기독교』의 독자들은 사람이 가지고 있는 도덕적 책임의 감각, 그리고 경험 세계의 일부이며 그가 '기쁨'이라고 부른, 깊고 포착하기 어려운 동경의 감각과 친숙할 것이다.

하지만 신을 믿는 믿음에 대한 루이스의 접근은 의문을 제기한다. 그는 하나님의 존재를 증거에 근거한 추론으로 입증하지 않는다. 그의 접근 방식은 경험이 얼마나 잘

A Semantic Nightmare', p. 265.

107 C. S. Lewis, *Studies in Medieval and Renaissance Literature* (Cambridge: Cambridge University Press, 1966), 'Imagery in the Last Eleven Cantos of Dante's *Comedy*', pp. 78-93, p. 90.

이해되는지를 봄으로써 신에 대한 기독교적 관념을 평가하는 듯하다. 그는 반드시 증거에 기반하여 신의 존재를 증명해야 하는가?

중요한 질문이지만 쉽게 대답할 수는 없다. 2장에서 언급한 바와 같이, 비트겐슈타인은 인간 추론 과정의 복잡성을 설명하며 하나의 동일한 명제나 생각이 어떤 때는 **검사의 대상**으로, 어떤 때는 **검사의 규칙**으로 취급될 수도 있다고 지적했다.[108] 루이스는 1920년대 후반까지 신에 대한 믿음의 회복 아니면 무신론의 확인과 강화라는 이원적 해결책을 가지고 있었던 것으로 보인다. 그러므로 그의 해결책은 이미 익숙한 두 가지 입장을 나란히 두고 무엇이 실제 인간 경험을 얼마나 잘 '전달'하는지 혹은 잘 표현하는지를 **비교**하여 판단하는 것이었다.

이 지점에서 루이스와 도킨스를 나란히 두고 비교하는 것은 흥미롭다. 1장에서 우리는 우주는 설계도 없고 목적도 없다는 도킨스의 견해를 살펴보았다. 이 구절을 좀 더 자세히 들여다보고 그가 이런 결론을 이끌어내는데 사

---

108 Ludwig Wittgenstein, *On Certainty* (Oxford: Blackwell, 1974), p. 98.

용한 방법에 주목할 필요가 있다. '우리가 관찰하는 우주에 익명의 냉혹한 무관심 외에 실제로 어떤 설계나 목적, 선과 악도 없다면 우리가 기대해야 할 특성들을 정확하게 가지고 있는 것이다.'[109] 여기서 도킨스는 우주에 대한 우리의 실제 관찰에는 합치되거나 수렴되는 점이 있으며 만일 우주가 어떤 본질적인 목적이나 의미, 가치도 없다면 우리가 기대할 수 있는 바는 무엇인지 논한다.

도킨스와 루이스는 전혀 다른 결론에 도달하지만, 그들이 논의를 전개해가는 과정은 놀랍도록 유사하다. 그 둘은 모두 어떤 사고방식이 우리 관찰에 더 잘 맞아 들어가는지 묻는다. 중요한 것은 관찰에 의한 이론의 증명이 아니라 이론과 관찰 간의 조화와 울림이다. 결국 이 두 사상가는 신에 대해서 다른 판단에 도달하지만, 지적인 궤적은 유사하다. 그 둘의 입장 어느 것도 증명되지 않고 증명될 수도 없다. 때때로 최선의 이론은 복잡하여 우리의 관찰과 경험을 이해할 수 있게 만드는 능력, 즉 그것이 가진 경험적 적합성으로 평가되어야 한다. 이것이 내가 무신론에서 떠나

---

109 Richard Dawkins, *River out of Eden: A Darwinian View of Life* (London: Phoenix, 1995), p. 133. (『에덴의 강』, 사이언스북스)

기독교로 옮긴 주요한 이유 중 하나다. 나에게 무신론은 우리 세계나 인간 경험의 복잡성을 이해하는 데 도움이 되지 않아 보였다. 반면에 기독교는 그렇게 보였다.

더 생각해 보기

그렇다면 신을 믿는 믿음에 근본적으로 다른 관점을 지닌 이 두 사상가로부터 무엇을 배울 수 있는가? 아마도 한 가지 명백한 결론은 도킨스와 루이스 둘 다 믿음의 사람이라는 점이다. 이들은 옳다고 증명될 수는 없지만 스스로 정당하며 합리적이라고 여기는 뚜렷한 견해를 가지고 있다. 우리는 마음속 가장 깊은 곳에 있는 신념과 가치에 대해서 어느 정도 불확실한 합리성을 가지고 살아가는 법을 배워야 한다. 우리는 2장에서 철학은 우리에게 "확실성이 없어도 주저함으로 무기력한 상태에 빠지지 않고 살아가는 법"을 가르쳐 준다는 버트런드 러셀Bertrand Russell의 발언에 주목했다.[110] 과학철학자 마이클 폴라니Michael Polanyi도

---

110 Bertrand Russell, *A History of Western Philosophy* (London: Allen & Unwin, 1946), p. xiv. (『러셀 서양철학사』, 을유문화사)

이와 유사한 견해를 가지고 있다. '우리의 지식에 최종적인 확실성은 없다. 그러나 회의적인 절망도 없다. 우리의 모든 다양한 종류의 지식을 통해서 합리적인 믿음과 인격적인 책임, 계속되는 희망이 있다.'[111]

비판자들이 보기에 믿음과 증명에 대한 도킨스의 견해는 철학적으로 얕고 감정적으로 부적절하며, 실제로 무엇이 중요한지를 알고 인생을 살아가는 인간의 능력을 편협하고 제한적으로 설명할 뿐이다. 증명에 대한 도킨스의 얄팍한 설명과 알프레드 로드 테니슨 Alfred Lord Tennyson과 같은 시인들의 좀 더 성찰적이고 실제적인 사상을 비교해 보는 것은 유익하다.[112] 그가 1885년에 발표한 시, '옛 현인' The Ancient Sage은 우리가 살고 있는 세계를 이해하려는 동시에 그 속에서 의미 있게 살아가려고 할 때 인간이 겪는 딜레마를 간결하게 요약한다.

---

111 Drusilla Scott, *Everyman Revived: The Common Sense of Michael Polanyi* (Grand Rapids, MI: Eerdmans, 1995), p. 60.

112 Tennyson의 믿음과 의심의 접점에 관해 탐구한 다음의 훌륭한 연구를 보라. Basil Wiley, *More Nineteenth Century Studies* (London: Chatto & Windus, 1956), pp. 79-105.

증명할 만한 가치가 있는 것은 어떤 것도 증명할 수 없고,

그렇다고 틀렸음을 증명할 수도 없구나.[113]

수많은 무신론적 혹은 유신론적 전망 중에 하나를 근거로 살고자 결정하는 것은 논리로 입증할 수 있는 확실성이나 자연과학의 확실한 발견을 넘어서길 요구한다. 철학자 존 그레이John Gray는 '만약 당신이 무신론과 종교를 이해하기 원한다면, 먼저 그 둘이 서로 상반된다는 대중적인 관념을 버려야 한다'고 말했다.[114] 지적인 불안정성이라는 면에서 볼 때 무신론과 기독교는 둘 다 인간이 가진 인식의 한계를 드러낸다. 인간은 그 신념이 종교적이든 세속적이든 간에 증거가 실제로 보증하는 것 이상으로 믿고 싶어 하는 성향을 보여준다. 프레이저 왓츠Fraser Watts는 통찰력 있고 유용한 방식으로 이 점을 지적한다.

---

113 Tennyson, 'The Ancient Sage', lines 66-7. 이 시에 대한 가장 좋은 설명은 다음을 참조하라. Howard W. Fulweiler, 'The Argument of "The Ancient Sage": Tennyson and the Christian Intellectual Tradition', *Victorian Poetry* 21:3 (1983), pp. 203-16.

114 John Gray, *Seven Types of Atheism* (London: Penguin Books, 2018), p. 158.

합리적 근거를 기반으로 견해나 신념을 가지고 있지만 그것을 설득력 있게 주장할 수 없는 사람들이 종교에만 있는 독특한 현상은 아니다. 심리학적 관점에서 내가 진심으로 하고 싶은 말은 이것이 인간의 인식에서 예외가 아니라 보통의 규범이라는 점이다. 그것은 종교에만 국한된 것이 아니다.[115]

나는 루이스와 도킨스를 나란히 두고 보면 의미 있는 인생을 살아가는 데 있어 인간의 조건과 함께 어떤 형태로든 믿음의 불가피성이 밝히 드러남을 알게 되었다. 그러나 많은 사람들은 고통의 존재가 인생의 어떤 의미에서라도 '의미 있다'고 말할 수 있을지 의문을 제기할 것이다. 앞에서 살펴보았듯이 이것은 1920년대 초반에 루이스가 가졌던 견해가 분명하다. 그는 1차 세계대전 중에 영국군에서 싸웠고 그가 목격한 파괴와 잔인함에 몸서리쳤다.[116] 비

---

115 Fraser N. Watts, *Psychology, Religion, and Spirituality: Concepts and Applications* (Cambridge: Cambridge University Press, 2017), p. 83.

116 자세한 내용은 다음을 보라. Alister McGrath, *C. S. Lewis - A Life: Eccentric Genius, Reluctant Prophet* (London: Hodder & Stoughton, 2013), pp. 67-73. (『C. S. LEWIS 루이스: 별난 천재, 마지못해 나선 예언자』, 복있는사람)

록 '전쟁 시인'의 반열에 오르려는 그의 야망은 좌절되었지만, 이 당시 그의 시는 그런 참화를 허용한 신에게 화가 났음을(실제로는 자신이 화를 낼 신이 있다고 믿지 않았지만) 분명히 보여준다. 1918년 1월, 프랑스의 아라스 근처 포화 속에서 썼던 "새해를 위한 시"Ode for New Year's Day에서 그는 애초에 인간이 고안한 냉정하고 무관심한 신의 최종적인 죽음을 선언한다. 이것은 흥미로운 질문과 연결된다. 루이스의 초기 무신론은 그가 도덕적으로 받아들일 수 없다고 느꼈던, 어떤 특정한 개념의 신에 대한 혐오감의 결과였는가?

도킨스의 『만들어진 신』에서도 비슷한 주제가 있다. 도킨스는 어떤 종류의 신이든 그 존재를 증명할만한 지적으로 정당한 증거는 없다고 확실히 믿지만, 구약 즉 히브리인의 성경에 나오는 하나님의 도덕적 성격에 대해서는 매우 비판적이다.

> 구약 성경의 하나님은 확실히 모든 허구적 이야기 중에서 가장 불쾌하다. 질투와 오만, 옹졸하고 불공평하며 용서하지 않는 변덕스러운 지배자, 보복하고 피에 굶주린 인종 청소자, 여성과 동

성애를 혐오하고, 인종차별과 영아살해, 대량학살, 자식살해, 악성전염병 유발, 과대망상적, 가학적, 변덕스럽고 악의적으로 괴롭히는 깡패다.[117]

이런 경멸과 욕설을 쏟아내는 것은 '신을 믿는 믿음'에 대한 질문과 '우리가 말하는 신은 어떤 분인가?'에 대한 질문이 분리될 수 없음을 밝히 보여준다.

그러나 이 감정의 폭발은 명백하게 편견에 치우친 고정관념과 단순화된 허위진술을 넘어서는 매우 심각한 난점을 드러낸다. 도킨스는 신이 없다는 점을 분명히 한다. 구약의 신은 인간의 기획과 편견을 반영하고 있는 발명품이며 조작물이다. 도킨스의 신무신론자 동료인 크리스토퍼 히친스 Christopher Hitchens 는 무신론자의 관점에서 인간은 자신들과 닮은 신을 창조한다고 말한다. '신이 자기 형상대로 사람을 창조하지 않았다. 명백하게 그 반대다.'[118] 신

---

117 Dawkins, *The God Delusion*, p. 31. (『만들어진 신』, 김영사)

118 hristopher Hitchens, *God Is Not Great: How Religion Poisons Everything* (New York: Twelve, 2007), p. 8. (『신은 위대하지 않다』, 알마)

과 종교는 모두 '인간이 만든 것'으로 인정되어야 한다.[119] 인간 종교는 인간의 본성을 밝히 드러내 보여준다.

이 문제는 카를 마르크스와 지그문트 프로이트Sigmund Freud에게 영향을 미친 독일의 무신론 철학자 루트비히 포이어바흐Ludwig Feuerbach의 핵심 주제이다. 포이어바흐는 그의 저작, 『기독교의 본질』Essence of Christianity에서 인간은 신들을 만들어내고 그렇게 함으로써 자신들의 진정한 본성과 염원, 두려움을 드러낸다고 주장했다. 그러므로 종교에 관한 연구는 인간 본성을 이해하는 한 방법이다.[120]

도킨스가 주장하듯이, 만약 신이 '피에 굶주린 인종청소자'라면 이런 신을 만들어낸 사람에 대해서는 뭐라고 말해야 하는가? 도킨스는 이 질문의 중요성을 제대로 파악하지 못한 것 같다. 다행스럽게도 철학자 버나드 윌리엄스Bernard Williams와 같은 사람들은 이 점을 알고 있었다. 윌리엄스는 도킨스와 함께 종교에 대한 혐오감을 공유하였지만, 종교가 본질적으로 악하다는 주장이 지적으로 어떤 결

---

119 Hitchens, *God is Not Great*, p. 10. (『신은 위대하지 않다』, 알마)

120 Josef Winiger, *Ludwig Feuerbach: Denker der Menschlichkeit: Eine Biographie* (Berlin: Aufbau Taschenbuch Verlag, 2004).

론에 이르는지 예리하게 간파하였다. 윌리엄스는 1840년대 쓰인 포이어바흐의 무신론자 선언을 읽었고, 만약 신이 없다면 종교는(주장하는 바와 같이) 끔찍하고 역겨운 가치들을 만들어낸 창조자로서 인간의 마음과 영혼만을 비출 수 있을 뿐임을 알았다.

> [종교의] 선험적 주장이 거짓이라는 주장을 받아들이려면, 인간은 그것을 꿈꿨을 것이 분명하며 우리는 그 꿈의 내용이 왜 이런지 이해할 필요가 있다. 세속적이고 반종교적 운동으로서 현대적 의미의 인본주의자들은 종교라는 이 끔찍한 것이 결국 인간의 창조물이라는 자신들의 견해가 가져올 즉각적인 결과에 충분히 대면한 적이 거의 없는 것 같다.[121]

무신론적 관점에서 볼 때, 혐오스러운 신성은 바로 그 신의 관념을 고안한 혐오스러운 인간을 반영하는 이미지다. 그렇다면 이것은 인간 본성에 대해서 무엇을 말하는가?

---

121 Bernard Williams, *Morality: An Introduction to Ethics* (Cambridge: Cambridge University Press, 1993), p. 80.

20세기 인간의 도덕적 대실패를 고려해보면, '가장 높은 곳에 있는 인간에게 영광을! 인간은 만물의 주인이다'[122] 라고 말한 빅토리아 시대의 무신론자인 시인 앨저넌 찰스 스윈번 Algernon Charles Swinburne 의 순진한 도덕적 낙관주의를 그대로 따를 사람은 이제 거의 없을 것이다. 20세기에 일어난 두 번에 걸친 세계대전의 완전한 비합리성은 버트런드 러셀과 같은 많은 사람들을 절망에 빠지게 했다.

> 사람은 이성적인 동물이다. 적어도 나는 그렇게 들어 왔다. 오랜 세월 동안 나는 이 진술을 지지하는 증거들을 부지런히 찾았지만, 지금까지 그런 증거를 발견하는 행운은 없었다.[123]

이런 생각의 줄기를 따라가다 보면 신의 문제에서 인간 본성이라는 좀 더 곤란에 빠질 수 있는 문제를 만나게 된다. 왜 곤란한가? 이는 인간 본성에 대한 어떤 좋은 이론도 거

---

122 Algernon Charles Swinburne, 'Hymn of Man', in *Songs before Sunrise* (London: F.S. Ellis, 1871), p. 124.

123 Bertrand Russell, *Unpopular Essays* (New York: Routledge, 1996), p. 82. (『인기 없는 에세이』, 함께읽는책)

울과 같기 때문이다. 거울은 우리가 어떻게 되고 싶은지가 아니라 실제 우리가 어떤지를 보여준다. 그러면 루이스와 도킨스는 이 문제와 관련하여 우리에게 어떤 통찰을 주는가?

4

인간의 본성: 우리는 누구인가?

RICHARD DAWKINS,
C.S. LEWIS
and the
MEANING
of LIFE

우리는 누구인가? 우리는 다양한 방식으로 우리 자신의 정체성을 규정지으려는 경향이 있다. 하버드대학교 경제학자 아마르티아 센Amartya Sen은 "정체성은 철저하게 다원적"이라고 지적한다.[124] 우리는 자신을 타인과 구별되는 정체성을 가진 단일한 개인으로 보면서도 민족성, 국적, 성과 같은 다양한 종류의 표지를 사용하여 정의한다. 사회학자들은 우리가 스스로를 여러 개의 내러티브로 정의한다고 주장한다. 이 내러티브들은 우리 존재의 다양한 측면들을 알려준다. 예를 들어, 기독교 내러티브는 우리에게 종교적으로 정착할 곳을 마련해 준다. 그리고 여기에 다양한 문화적, 사회적, 정치적 내러티브들이 추가된

---

[124] Amartya Sen, *Identity and Violence: The Illusion of Destiny* (New York: Norton, 2006), p. 19. (『정체성과 폭력』, 바이북스)

다. 우리는 처한 상황에 맞춰 여러 내러티브들을 함께 엮어내는 자신만의 독특한 방법을 개발한다.[125] 특별한 경우, 그중 하나를 큰 줄기로 삼고 다른 것들보다 우선시하기도 한다.

간과할 수 없는 한 가지 문제는 매우 어리석은 일을 저지르는 인간의 성향이다. 우리는 기술을 개발시켜 왔고, 이것은 우리를 특별한 위치에 올려놓았다. 다른 생물 종들과 달리 우리는 핵무기나 조작된 병원균의 무모한 사용으로 스스로를 의도적으로 대량 살상할 수 있다. 왜 인류는 스스로를 멸종시킬 수 있는 지극히 어리석고 비뚤어진 행동을 하는가? 우리에게 어리석은 일을 하도록 허용하거나 강요하는 무슨 잘못된 것이 있는 것은 아닌가? 상호확증파괴[126]라는 개념이 중심이 되는 냉전 시대의 논리는 스탠리 큐브릭 감독의 1964년 작품, '닥터 스트레인지

---

125 Jenny McGill, *Religious Identity and Cultural Negotiation: Toward a Theology of Christian Identity in Migration* (Eugene, OR: Pickwick Publications, 2016).

126 역자주: 20세기 냉전 시대에 만들어진 용어로 한 국가가 핵 공격을 했을 때 피격된 상대 국가가 핵 공격으로 대응한다면 양측이 궤멸된다. 이러한 상황을 피하기 위해 양측 모두 섣부른 핵전쟁을 일으키지 않게 된다는 개념이다.

러브'가 잘 포착해서 보여주었다.[127]

이런 질문들은 인간을 '만물의 척도'로 여기는 인본주의자들에게도 지속적인 근심거리로 남아있으며, 앞으로도 절대 사라지지 않을 것이다. 만약 우리가 우리 스스로의 가치를 평가하는 일에 재판관인 동시에 배심원이라면 우리는 쉽사리 망상적인 혹은 자기중심적인 의제에 갇힐 수 있다. 우리는 스스로에게 비판적일 필요가 있다. 자기 자신의 모습에 의문을 제기하고 인간 본성의 강점과 약점을 숙고해야 한다. 비록 방식은 다르지만, 도킨스와 루이스는 중요하고 흥미로운 질문을 제기하면서 이런 일을 수행한다. 먼저 도킨스의 첫 번째 책 『이기적 유전자』에서 발전시킨 몇 가지 아이디어를 살펴보자.

---

127 Paul Erickson, Judy L. Klein, Lorraine Daston, Rebecca M. Lemov, Thomas Sturm and Michael D. Gordin, *How Reason Almost Lost Its Mind: The Strange Career of Cold War Rationality* (Chicago: University of Chicago Press, 2013).

도킨스 : DNA 음악에 맞춰 춤추기

나는 『이기적 유전자』가 처음 나온 이듬해인 1977년에 이 책을 읽었다. 그때 나는 옥스퍼드대학교에서 분자생물 물리학을 연구하고 있었다. 도킨스는 조지 윌리엄스George Williams의 자연 선택적 견해와 윌리엄 해밀턴William Hamilton의 친족 선택 이론[128], 로버트 트리버스Robert Trivers의 상호이타주의 견해를 융합하여 대중에게 과학을 쉽게 설명하는 최고의 작가임이 분명하다. 그러나 도킨스는 다른 사람의 생각을 설명하는 것 이상의 일을 했다. 그는 이들 이론에 문화적 진화를 이해하기 위한 은유로 소위 '밈'meme[129]이라고 하는 자신의 생각을 덧붙였다. 『이기적 유전자』에

---

128 역자주: '혈연 선택'이라고도 불리며, 개체가 유전자를 공유하는 다른 개체에게 하는 유익한 행위를 통해 포괄적 적응도를 높이도록 진화하는 과정을 말한다. 예를 들면, 혈연 관계에 있는 가까운 개체들이 무리를 지어 살면서 때로 위험한 상황에 처할 때면 유전자의 생존과 번영을 위해 이타적 행위를 함으로써 다른 개체들이 도망쳐 살 수 있도록 하는 행위가 있다.

129 역자주: 문화유전자 밈(meme)은 복제된 것이라는 그리스 단어(mimema)와 유전자(gene)를 합쳐 만든 용어로 생물학적 유전단위가 유전자라면, 문화적 정보를 전달하고 복제하는 단위는 밈이며 그 방식은 모방이라고 설명한다. 도킨스의 저서 『이기적 유전자』에서 소개된 용어다.

서 그가 이룬 가장 중요한 성취는, 인간은 비논리적인 과정의 우발적이며 의도하지 않은 산물이고, 그들의 삶은 완전히 이해할 수 없으며 통제할 수도 없는 유전자의 영향과 지배를 받는 존재라는 것을 묘사하기 위해 이러한 생각들을 종합한 것이다.

『이기적 유전자』에서 도킨스는 유전자의 관점으로 진화의 과정을 보여준다. 이는 '유전자의 눈'으로의 접근이 다윈주의적 진화이론을 시각적으로 파악하는 최선의 방법이라고 믿었기 때문이다. 이 접근 방법의 핵심 주제는 1966년 그가 작성한 강의 노트에 한 문장으로 요약되어있다. '정통 신다윈주의 진화론을 근거로 한 우리의 기본적인 기대는 유전자가 "이기적"이 되리라'는 것이다.[130] 이 생각은 『이기적 유전자』에서 발전되었고 내용과 논리가 보강되었다. '성공한 유전자에서 예상되는 뚜렷한 특징은 비정한 이기주의다. 이러한 유전자의 이기주의는 보통 개체

---

130 1966년 기록을 재작성. Richard Dawkins, *An Appetite for Wonder: The Making of a Scientist: A Memoir* (London: Bantam, 2013), p. 200. (『리처드 도킨스 자서전』, 김영사)

행동에서도 이기성이 나타나는 원인이 된다.'[131]

이런 방식으로 사물을 읽으면, 인간의 이기성은 우리가 통제할 수 없는 근원적인 유전적 경향으로 볼 수밖에 없다. 도킨스는 이타주의마저도 이기성이라는 패러다임으로 설명하고 있다. 여기서 이기성은 유전자가 그 유전자를 가진 일부 개체가 희생되더라도 전체적으로는 그들의 생존을 보장받을 수 있는 메카니즘으로 드러난다.

도킨스는 우리의 마음을 사로잡는 문구를 만들어내며 자신의 핵심주장을 기억하기 쉽게 요약하고 정리하는 일에 탁월하다. 그는 생명에 대한 다윈주의적 견해를 개관하는 『에덴의 강』*River out of Eden*에서 우리는 자신도 모르게 우리 유전자의 포로이자 도구가 된다고 주장한다. 우리가 좋아하든 좋아하지 않든 간에 우리의 동기와 행동은 유전적 유산, 즉 우리 개인의 유전적 정체성을 부호화하여 전달하는 DNA에 의해 형성된다. 'DNA는 알지도 못하고 신경 쓰지도 않는다. DNA는 단지 존재할 뿐이다. 우리는

131　Dawkins, *The Selfish Gene*, 2nd edn (Oxford: Oxford University Press, 1989), pp. 9-10. (『이기적 유전자』, 을유문화사)

DNA가 연주하는 음악에 맞춰 춤을 출 뿐이다.'[132] 도킨스가 스스로 인정하듯이 이는 다소 암울한 전망이다. 우리는 우리의 유전적 역사로부터 벗어날 수 없다. 우리가 거쳐 온 진화적 과거는 계속 살아서 존재하고 우리에게 영향을 미치고 있다. 이는 우리가 과연 과거와 얽힌 이 속박을 끊고 완전히 새롭게 시작할 수 있을지에 대한 의문과 자연스럽게 연결된다.

이미 살펴본 바와 같이, 도킨스는 유전적 역사가 우리를 특정한 이기적인 방식으로 행동하게 만든다고 주장한다. 그렇다면 우리는 이 유전적으로 유도된 이기성에서 벗어날 수 있는가? 도킨스는 자신이 마치 암을 연구하고 치료하는 종양학자 같다고 주장한다. 우리의 유전자는 우리에게 '이기적으로 되라고 지시'하지만 우리가 그 지시를 따를 의무는 없다. 인간의 미래는 우리가 이 유전적 유산에 동조하지 않고 저항하는 것에 달려있다.

우리는 이기적으로 태어났다. 그러므로 관대함과 이타주의를 가

---

[132] Richard Dawkins, *River out of Eden: A Darwinian View of Life* (London: Phoenix, 1995), p. 133. (『에덴의 강』, 사이언스북스)

르쳐 보자. 우리 자신의 이기적 유전자가 무엇을 하려는 녀석인지 이해해 보자. 그러면, 우리는 적어도 유전자의 의도를 뒤집을 기회를 잡을 수 있을지도 모른다.[133]

비록 우리는 이기적 유전자에 의해 형성되고 조건화되었지만, 도킨스는 우리가 어떻게 유전자의 올무에 걸렸는지 깨달음과 동시에 그 악의적 영향에 대항하는 전략을 고안해낼 수 있다고 주장한다. 근본적으로 인류는 스스로 선택하지 않은 생각과 행동의 패턴 안에 갇혀 있다. 하지만 도킨스는 인간이 이 유전적 결정론에도 불구하고 자신의 자율성을 주장할 수 있다고 말한다. 우리는 이런 이기적 유전자에 저항할 수 있다. '우리에게는 우리를 낳아 준 이기적 유전자에 반항할 힘이 있다. … 우리는 창조자에게 대항할 힘이 있다. 이 지구에서 우리 인간만이 유일하게 이기적인 자기 복제자의 폭정에 반역할 수 있다.'[134] 인간만이 우리를 여기까지 끌고 온 과정에 저항할 수 있는, 그리고 심지어 그 과정을 통제할 수 있는 지점까지 진화해왔다.

---

133 Dawkins, *The Selfish Gene*, p. 10. (『이기적 유전자』, 을유문화사)

134 Dawkins, *The Selfish Gene*, pp. 200-1. (『이기적 유전자』, 을유문화사)

『이기적인 유전자』를 읽은 다른 많은 독자들처럼 나는 도킨스의 낙관적 결론이 실제로 그에 앞서 있던 주장에 의해서 반박되고 뒤집히지 않았는지 의아했다. 어떤 면에서 그의 분석은 계몽주의의 정신을 그대로 답습한다. 만약 당신이 무언가를 이해했다면 그것을 길들일 수 있다는 것이다. 하지만 과연 이런 방식으로 우리가 **자기 자신**을 길들일 수 있는가? 우리가 물려받은 유전자가 우리의 의지에 영향을 미쳐서 우리가 유전자의 숨겨진 영향력을 인식하지만 그 영향력에서 벗어날 수 없음을 발견하게 된다면 어떻게 되는가?

여기서 도킨스가 신학적 주제에 관심을 가지고 있다는 나의 주장을 듣는다면, 그는 반발할 것이다. 그러나 나는 유전적 올무에 걸렸다는 그의 내러티브와 죄에 사로잡혔다는 기독교의 내러티브 사이에 유사성이 있음을 보았다.[135] 도킨스식으로 표현하자면, 문제는 우리가 진화 역사의 악한 영향에서 벗어날 수 있느냐 하는 것이다. 신학적으로 표현하자면, 종교적 회심이 우리를 과거로부터 구

---

135 예는 다음을 참조하라. Marie Vejrup Nielsen, *Sin and Selfish Genes: Christian and Biological Narratives* (Leuven: Peeters, 2010).

원하는지 아니면 여전히 신앙의 삶 전체를 통해 계속 다루어야 할 뭔가를 남겨놓는지의 문제이다. 바로 이것은 5세기 초 펠라기우스 Pelagius와 히포의 아우구스티누스 Augustine of Hippo 사이에 벌어졌던 논쟁의 핵심 주제였다. 아우구스티누스는 회심이 사람을 과거 습관과 열정으로부터 완전히 단절시켜 자유롭게 만들지 않으며, 현재의 신앙의 삶과 연결되어 있고 여전히 우리에게 남아있다고 주장했다. 펠라기우스는 그런 과거의 영향력은 버릴 수 있으며 더 이상 구원받은 존재에게 지속적인 역할을 하지 않는다고 믿었다.[136]

그러나 도킨스는 인간 본성의 또 다른 측면, 즉 인간이라면 누구나 종교적 존재가 되려는 명백한 본성적인 경향성도 다룬다.[137] 다시 한번 그는 종교를 만들어낸 인간의 인지적 과정이 실제로는 다른 목적들을 위한 진화였다는

---

136 Nicholas Rengger, *The Anti-Pelagian Imagination in Political Theory and International Relations: Dealing in Darkness* (London: Routledge, 2017), pp. 1-9.

137 이러한 경향성에 대한 훌륭한 논의는 다음을 참조하라. Pascal Boyer, *The Naturalness of Religious Ideas: A Cognitive Theory of Religion* (Berkeley, CA: University of California Press, 1994).

다원주의적 메타내러티브로 돌아간다. 원래 종교는 한 종으로서 우리의 생존을 보장받으려는 목적을 위한 것이 의도와 다르게 '오용'되어서 생겨난 우발적이고 불필요한 부산물이다.[138]

이런 주장은 확실한 증거도 없고, '종교'에 대한 경험에 기초한 정의도 없지만 흥미롭다.[139] 유교나 금욕적인 스토아 철학은 물론이고, 인생에 대한 어떤 철학도 이와 동일한 부적절한 근거를 가지고 설명할 수 있기 때문이다. 이를테면, 인류 문명은 과학적 방법 자체를 포함하여 문화적으로 중요한 일련의 기획들로 특징지어지는데 이는 진화의 우발적인 부산물이라고 주장할 수도 있다.[140]

---

138 Richard Dawkins, *The God Delusion* (London: Bantam, 2006), p. 188. (『만들어진 신』, 김영사)

139 Peter J. Richerson and Lesley Newson, 'Is Religion Adaptive? Yes, No, Neutral. But Mostly We Don't Know', in Jeffrey Schloss and Michael Murray (eds), *The Believing Primate: Scientific, Philosophical and Theological Reflections on the Origin of Religion* (Oxford: Oxford University Press, 2009), pp. 100-17.

140 Justin L. Barrett, 'Is the Spell Really Broken? Bio-Psychological Explanations of Religion and Theistic Belief', *Theology and Science* 5:1(2007), pp. 57-72.

루이스 : 진정한 고향을 향한 갈망

그러면 루이스는 이 주제에 대해 무엇이라고 말하는가? 그는 인간의 의미를 기본적인 화학적 구성 성분으로 축소시키는 인간 본성에 대한 환원주의적[141] 설명을 강하게 비판한다. 물론, 인간과 아메바 모두 원자와 분자로 구성되어 있다. 이 둘은 모두 우주를 구성하는 동일한 기본 요소로 이루어져 있다. 그러나 인간과 아메바는 근본적으로 다르다. 루이스는 자신의 『새벽 출정호의 항해』*Voyage of the Dawn Treader*에서 이 점을 강조한다. 유스터스는 나니아 세계의 동쪽 끝에 위치한 섬에 사는 노인 라만두에게 천문학에 관한 과학적 지식을 자랑한다. '우리 세계에서 별은 활활 타고 있는 거대한 가스 덩어리예요'라고 유스터스가 말했다. 그 노인은 별 감흥이 없었다. '얘야, 너희 세계에서도 별이란 그런 것이 아니란다. 다만 그것으로 만들어졌을 뿐이지.'[142]

---

141 역자주: 수학, 과학, 철학 등 다양한 영역에서 사용되는 용어로 복잡하고 추상적인 개념을 단일 수준의 더 기본적인 요소로부터 설명하려는 입장이다.

142 C. S. Lewis, *The Voyage of the Dawn Treader* (London: HarperCollins, 2009), p. 215. (『나니아나라 이야기5: 새벽 출정호의 항해』, 시공주니어)

루이스는 인간 본성에 대한 환원주의적인 과학적 설명의 타당성과 유용성에 이의를 제기한다. 그는 과학적 설명이 산소 운반이 어떻게 일어나는지와 같은 인간의 기능적 측면을 이해하는 데는 도움이 된다고 인정한다. 하지만 그것이 우리가 누구이며 이곳에 왜 있는지에 대한 완전한 그림을 보여줄 수는 없다고 주장한다. 인간 본성을 순전히 물질주의적으로 설명하는 것은, 우리의 마음속 깊은 곳에 있는 신념과 열망을 그 자체로 맹목적인 진화의 과정에 따른 부산물인 인간의 두뇌 피질에서 일어나는 화학적 혹은 전기적 작용의 결과로 축소시킨다.

　이 문제는 루이스가 당시 옥스퍼드대학교 방문 학생으로서, 물질주의로 마음이 기울어져 있던 셸던 바나우겐 Sheldon Vanauken과 나누었던 대화와 편지에서 잘 드러난다. 루이스가 그에게 물었다. 만약 당신이 물질주의적 우주의 산물이라면 어째서 당신은 이런 우주에서 편안함을 느끼지 못합니까? 확실히 당신의 마음속 가장 깊은 감정과 직관은 인생에는 이것 말고 뭔가 더 있다고 주장하고 있지는 않습니까? '우리는 이 우주에 적응되지도, 편안하지도 않다. 그렇다면, 그것은 영원한 세계가 있고 거기가 우리의

진정한 고향이라는 증거, 혹은 최소한 강력한 암시로 볼 수 있을 것이다.'[143]

    루이스에게는 어떤 과학적 접근도 인간 본성을 설명하기에 충분하지 않다. 더 심오한 무엇, 즉 우리가 진정으로 **속해 있는** 곳과 우리가 진정으로 **지향**하는 것의 지식으로 보충되어야 한다. 우리의 가장 깊은 직관은 우리가 이 세계를 지나가고 있음을, 즉 우리는 어딘가 다른 곳에 속해 있다는 것을 긍정한다. 젊은 시절 루이스는 마음속으로 그의 최소주의적 무신론minimalist atheism이 우주의 복잡성을 충분히 설명하는 데 실패했다는 직관적 느낌에 시달렸다. 그는 자신이 심오하고 포착하기 어려운 갈망의 느낌이 어떤 논리적 함의를 가질 수 있는지 숙고하고 있음을 알아차렸다. 그 갈망은 자기 주변에서 발견한 것으로 해소되기보다는 인간 지식과 경험의 한계 너머에 있는 어떤 세계를 가리키는 듯했다. '만약 이 세상에서의 경험으로 채워지지 않는 욕구가 내 안에 있다면, 그건 내가 이 세상이 아닌 다

---

[143] C. S. Lewis (ed. Walter Hooper), *Collected Letters* (London: HarperCollins, 2004-6), vol. 3, p. 76.

른 세상에 맞게 만들어졌기 때문이라는 것이 가장 그럴듯한 설명이다.'[144]

루이스에게 기독교 신앙은 두 가지 매우 다른 세계 혹은 영역의 인식을 수반한다. 즉, 우리가 현재의 삶을 살아가는 현실 세계와 우리가 기대하고 고대하는 또 다른 세계인데, 이 기대하는 세계는 현실의 경험을 통해 암시되지만 우리가 도달할 수 없는 저 너머에서 우리를 애타게 한다. 우리와 우리의 진정한 운명 사이에는 벽이 있지만, 그 벽에는 문이 있다.

> 현재 우리는 세상의 바깥 쪽, 그 문의 반대편에 있다. 우리는 아침의 상쾌함과 순결을 보지만 그것이 우리를 깨끗하고 순수하게 만들지는 않는다. 우리는 우리가 보는 광채와 섞일 수 없다. 그러나 신약성경의 모든 잎사귀들은 늘 그렇지는 않으리라는 소문과 함께 바스락거리고 있다. 언젠가 하나님께서 허락하시면 우리가 그곳으로 들어갈 것이다.[145]

---

144 C. S. Lewis, *Mere Christianity* (London: HarperCollins, 2016), pp. 136-7. (『순전한 기독교』, 홍성사)

145 C. S. Lewis, ed. Lesley Walmsley, *Essay Collection: Faith, Christianity and*

이 지점에서 도킨스와의 대비는 극적이다. 도킨스에게 이 우주는 바로 실재의 전부이다. 이 세상 너머에는 아무것도 없으며, 우리는 목적 없는 단 하나의 우주라는 이 냉엄한 진실을 직시하고 받아들여야 한다. 반면 루이스는 플라톤이 사용했던 한 이미지를 선택한다. 어두운 지하 동굴에서 평생을 살고 있는 한 무리의 사람들이 동굴의 벽에 그림자를 드리우는 일렁이는 불빛으로만 주변을 볼 수 있다.[146] 그들은 동굴의 벽 너머에 햇빛과 신선한 공기가 있는 찬란한 세계를 알지 못하고 이 어둡고 연기가 자욱한 영역을 실재의 한계라고 믿고 있다. 동굴의 세계가 다른 세계에 대한 암시와 표징, 소문으로 인해 활기에 차 있고 사물을 더 깊이 탐구하도록 자극한다면 어떻게 되겠는가?

---

the Church (London: Collins, 2000), p. 104.

[146] 루이스가 플라톤을 인용한 부분은 다음을 참조하라. William G. Johnson and Marcia K. Houtman, 'Platonic Shadows in C. S. Lewis' Narnia Chronicles', *Modern Fiction Studies* 32:1 (1986), pp. 75-87, esp. pp. 78-81.

더 생각해 보기

프랑스 철학자 자크 랑시에르^{Jacques Rancière}가 한 말은 도킨스와 루이스가 의견을 달리하는 이 인간성의 핵심 문제에 초점을 맞추고 있다. '정치적 문제는 우선 임의의 신체가 자신의 운명을 좌지우지할 수 있는지 그 능력의 문제다.'[147] 삶이 무엇인지를 알아내면 우리는 실재에 대한 이 비전을 붙잡고 성취해 낼 수 있는가? 아니면 이 비전이 드러날 때 그것이 우리가 붙잡고 있는 것 너머에 있다는 것을 깨닫게 하는가?

도킨스는 『이기적 유전자』에서 인간은 '이기적인 복제자의 폭정'에서 벗어날 필요가 있다는 극적인 선언으로 결론을 맺는다. 어떻게 그런 일이 가능한가? 도킨스는 우리가 스스로를 치유해야 하며, 그렇게 하는 동기는 우리 내면으로부터 나와야 한다고 주장한다. 결국 그는 인본주의자로서 우리 자신의 인간성 외부에는 어떤 영감도 없다

---

147 Jacques Rancière, *Le spectateur émancipé* (Paris: La Fabrique, 2008), p. 88.

고 말한다.[148] 인류는 신을 참고하거나 의존하지 않고도 자신의 목적을 설정하고 이를 달성할 수 있다는 것은 세속적 인본주의자들의 글에 나타나는 공통적인 주제이다.

그러나 우리는 정말로 우리 자신의 결점과 편견, 이기심, 약점을 극복할 수 있는가? 도킨스의 보편적 다윈주의는 우리의 신념과 행동에 숨은 영향력을 행사하며 결코 완전히 제거되지 않는 우리의 유전 역사의 중요성을 강조한다. 다른 사람들은 이 지점에서 도킨스의 의견을 수정하고 싶어 할 수도 있다. 예를 들어, 키이스 스타노비치Keith E. Stanovich는 우리 인간은 일차적 생물학적 기능이 유전자 운반체 역할을 하는 로봇일 수 있지만, 우리가 가진 고등한 수준의 분석적 추론 능력은 우리의 합리적 사고를 형성하고 그에 영향을 미치는 유전적으로 프로그램된 시스템뿐만 아니라 문화적 밈memes에 대항하기에 충분하다고 주장한다.[149] 스타노비치는 합리적 사고는 때때로 원시적으로 유전되어 온 직관의 자기 파괴적 성향을 막는 데 사용될

148　Richard Norman, *On Humanism* (London: Routledge, 2012), pp. 162-3.

149　Keith E. Stanovich, *Th[e] Robot's Rebellion: Finding Meaning in the Age of Darwin* (Chicago: University of Chicago Press, 2004).

수 있다고 주장한다.

어떤 그리스도인들은 이를 우리의 유전적 유산에 대한 저항의 한 구성 요소로서 종교에게 중요한 역할을 부여한다고 볼 것이다. 지적인 용어로 표현되든 아니면 그리스도의 생애 속에서 구체화된 하나의 사례가 되든지 간에 기독교적 이념과 가치는 '적자생존' 사고방식에 정말 강력한 대안을 제공한다. '그리스도의 마음'에 대한 전통적인 개념은 그리스도에 관한 생각과 신자의 삶을 그리스도의 삶에 일치시키는 것 모두와 연결되어 있다.[150] 알렉산드리아의 클레멘트Clement와 리용의 이레나이우스Irenaeus와 같은 초기 기독교 작가들은 숨어있는 유전적 충동과 도킨스가 묘사한 영향력에 저항할 수 있는 사상들을 발전시켰다.

하지만 루이스는 우리가 죄의 올무에 걸려 사로 잡혀있고 죄와 얽혀있음을 인정해야 한다고 주장하면서 이 점에서 신중한 태도를 보인다. 우리는 상처를 받았고 부상을 당했으며 스스로를 치유할 수 없다. 우리에게 필요한 것은

150　Mark McIntosh, 'Faith, Reason and the Mind of Christ', in Paul J. Griffiths and Reinhart Hütter (eds), *Reason and the Reasons of Faith* (New York: T. & T. Clark, 2005).

사고를 조정하고 직관을 수정하는 일 그 이상이다. 물론 루이스가 그런 일의 중요성을 부인하지는 않는다. 루이스가 보기에 우리는 병들었고 치유되어야 한다. 우리는 부상을 당했고 온전하게 되어야 한다.

『순전한 기독교』에서 루이스는 왜 구원이 단순하게 잘못을 바로잡아주는 정보를 제공하거나 자기 개선의 윤리를 채택하는 것으로 축소될 수 없는지 생각한다. 우리가 처한 상황의 근본적인 변혁이 필요하다. 이것은 우리 스스로 성취할 수 없지만 만일 우리가 손을 뻗으면 잡을 수 있는, 우리를 위해서 이미 행해진 일이다.

> 우리 힘으로 영적인 생명을 향해 올라가려고 애쓸 필요가 없습니다. 그 생명은 이미 인류에게 내려왔습니다. 그 생명으로 충만히 차 있는 분, 하나님이면서도 인간이신 분에게 우리 자신을 드러내기만 하면, 그가 우리를 위해 우리 안에서 그 일을 행하실 것입니다.[151]

---

151 Lewis, *Mere Christianity*, pp. 181-2. (『순전한 기독교』, 홍성사)

루이스는 우리에게 치료가 필요하다는 생각을 기반으로 '좋은 전염'이라는 비유를 만들어냈다. 사실 이것은 알렉산드리아의 아타나시우스Athanasius가 쓴 『성육신에 대하여』On the Incarnation에 있는 고전적인 주장을 가져와 사용한 것이다. '제가 **좋은 전염**에 대해 했던 말을 기억하십시오. 우리 인류 중 한 사람이 이 새로운 생명을 가지고 왔습니다. 그에게 가까이 다가가기만 하면 우리에게도 그 생명이 옮아올 것입니다.'[152] 루이스가 대답하고자 한 질문은 바로 이것이다. '그리스도의 생명이 어떻게 다른 사람에게 **전파**될 수 있는가?'

좋은 전염이라는 은유는 아타나시우스의 구원 논의에서 핵심이 되는 그리스도께로 **다가간다**는 개념과 그리스도와 **교제한다**는 개념을 하나로 묶는다. 이 은유는 그리스도가 단지 선생 혹은 도덕적 영향력이라고 잘못 생각하지 않도록 도와준다. 루이스에게서 그분은 변혁의 행위

---

152 Lewis, *Mere Christianity*, p. 182. (『순전한 기독교』, 홍성사) 물론 죄와 구원에 대한 아우구스티누스와 중요한 유사점이 있다. 다음을 참조하라. Jesse Couenhoven, *Stricken by Sin, Cured by Christ: Agency, Necessity, and Culpability in Augustinian Theology* (New York: Oxford University Press, 2013).

자 agent이기도 하다. 그 변혁은 우리가 생각하는 변화를 포함하지만, 단지 그것만 의미하는 것은 아니다. 키케로Cicero가 예시example는 전염력이 있다고[153] 말한 것처럼, 문학은 이 변혁의 과정을 시각화할 수 있는 상상력을 풍성하게 가지고 있다. 루이스는 이 변혁의 과정을 더이상 명확하게 설명하지는 않지만, 그의 언어는 주로 죄를 올무와 타락이라는 표현으로, 구원을 해방과 성취라는 표현으로 묘사한다.

그렇다면 도킨스와 루이스가 제기한 문제는 왜 중요한가? 이 질문은 인간으로서 우리가 중요하다고 믿는 목표를 달성할 수 있는지, 또는 어떤 영향에 의해 우리가 그것을 갈망할 수도, 성취할 수도 없게 되었는지에 관한 것이다. 도킨스와 루이스는 우리가 추구해야 할 목적을 놓고 의견이 엇갈린다. 그러나 둘 다 인간 본성에 내재된 한계를 생각하면서 그 목적을 달성하는 데 문제가 있음을 인정한다. 그 한계란 오래 진행되어 온 과거 진화의 영향(도킨스)이거나 죄에 사로 잡혀있는 상태(루이스)이다.

---

153 이러한 비유의 문학적 배경은 다음을 참조하라. Peta Mitchell, *Contagious Metaphor* (London: Continuum, 2012).

그 대답은 무엇인가? 세력이 커지고 있는 트랜스휴머니즘[154] 운동가 중 일부는 인간의 기술적 강화가 유전적 과거의 영향력을 억제하거나 제거하여 우리가 '재부팅'되고 도킨스가 언급한 종류의 유전적 속박에서 벗어날 수 있다고 주장한다. 그것은 철학자 메리 미즐리Mary Midgley의 '구원으로서의 과학'이라는 범주에 정확히 들어맞는 접근법이다.[155] 반면에 루이스는 기독교적 대안을 제시한다. 우리는 치유, 갱신, 회복의 과정을 거쳐야 하며, 자신을 스스로의 힘으로는 고칠 수 없다. 우리는 믿음을 통해서 우리의 창조 목적대로 살도록 해주는 사고방식과 생활방식을 받아들인다. 스스로 만들어가는 것이 아니다.

---

154 역자주: 고통과 질병, 노화, 죽음 같은 현상을 바람직하지 않다고 생각하며, 과학 기술을 이용하여 사람의 정신과 육제의 능력을 개선할 수 있다고 믿는 운동이다.

155 Mary Midgley, *Science as Salvation: A Modern Myth and Its Meaning* (London: Routledge, 1992).

결론

의미 찾기

RICHARD DAWKINS,
C.S. LEWIS
and the
MEANING
of LIFE

과학의 대중화를 이끌었던 영국의 대표 생물학자 피터 메더워 경Sir Peter Medawar은 의미를 찾는 일에서 초월의 중요성을 강조하였다. 우리는 당면한 필요와 우려를 넘어서서, 더 큰 그림의 일부로 자신을 보고 싶어 한다. 과학은 그 큰 그림의 일부분일 뿐이다. '오직 인간만이 자신이 밟고 선 땅보다 더 넓게 비춰주는 빛으로 자신들의 길을 찾는다.'[156] 이 점에 있어서 메더워와 같은 견해가 있다. 살만 루슈디Salman Rushdie는 자신의 '물질적, 물리적 존재의 한계를 넘어서' 의미를 찾기 위한 인간 정신의 갈망을 이야기한다.[157] 인간은 경험 세계의 조사를 통해 발견할 수 있는

---

156 Peter B. Medawar and Jean Medawar, *The Life Science: Current Ideas of Biology* (London: Wildwood House, 1977), p.171.

157 Salman Rushdie, *Is Nothing Sacred? The Herbert Read Memorial Lecture 1990* (Cambridge: Granta, 1990), p.7.

것보다 더 깊은 무언가를 찾고자 한다. 의미를 찾으려는 인간의 노력이 바로 그런 것이다.

이 주제와 관련하여 다른 이의 주장도 쉽게 찾아볼 수 있다. 가장 흥미로운 것 중의 하나가 개인적인 의미와 윤리적 가치의 질문은 자연과학의 범위를 넘어선다고 주장한 알베르트 아인슈타인Albert Einstein의 목소리다.

> … 과학적 방법은 우리에게 사실들이 서로 어떻게 연관되어 있고, 영향을 미치는지의 범위 밖에 있는 것에 대해서는 아무것도 가르쳐줄 수 없다. 사실what is에 관한 지식이 당위what should be에 관한 지식의 문을 열어주지는 않는다. 사람은 사실에 대해 가장 명확하고 완전한 지식을 가질 수 있으나 그 지식으로부터 우리 인간의 열망의 목적이 무엇이어야 하는지를 추론할 수는 없다.[158]

그 목적의 정체와 도달하려는 동기 모두 '다른 원천으로부

---

158 Albert Einstein, *Ideas and Opinions* (New York: Crown Publishers, 1954), 'Science and Religion', pp. 41-2. For further discussion, 자세한 내용은 다음을 참조하라. Max Jammer, *Einstein and Religion: Physics and Theology* (Princeton, NJ: Princeton University Press, 1999).

터 나와야 한다.' 아인슈타인은 정통 종교의 신자가 아니었으나 자연과학에 의해 드러난 것 이상의 실재에 더 깊은 통찰의 필요성을 정확하게 알고 있었다.

종교적 세계관이 우리 존재의 이해가능성과 통일성을 드러내 보여주고 있음을 강조한 케임브리지의 물리학자인 알렉산더 우드Alexander Wood도 이와 비슷한 생각을 했다. "종교는 인생을 밝히 보여주고 인생이 나누어지지 않는 전체가 되게 해야 한다. 이것이 종교에 대한 우리의 첫 번째 요구이다."[159]

많은 사람들이 인간 본성의 독특성이 무엇인지에 초점을 맞추고 이것을 과학적으로 표현하려고 노력한 것은 이해할 만하다. 하지만 이는 때로 인간이 제대로 기능하려면 무엇이 필요한지를 묻는 질문을 간과하게 만든다. 인간이 된다는 것은 무엇을 의미하는가? 왜 악과 고통이 존재하는가? 진리는 어떻게 찾는가? 선한 삶이란 무엇이며 어떻게 살아낼 수 있는가? 이런 질문이 **과학적**으로

---

159 Alexander Wood, *In Pursuit of Truth: A Comparative Study in Science and Religion* (London: Student Christian Movement, 1927), p. 102.

여겨질 수 있지만 그렇지 않다. 이것들은 본질적으로 **실존적** 질문이다. 이런 질문에 철학적 대답을 찾을 수 있겠지만, 가장 자연스러운 것은 종교적인 관점에서 만들어진 대답이다.[160]

이런 몇 가지 점들을 잘 보여주는 한 개인의 역사를 살펴보자. 폴 칼라니티 Paul Kalanithi 1977-2015는 전문의 자격을 얻기 직전, 37세의 나이에 전이성 폐암으로 세상을 떠난 전도유망한 외과 의사였다. 칼라니티는 자신의 생명이 다해감을 알았을 때 인생의 의미, 인간 문화에서 의학의 중요성과 과학의 위치를 오랫동안, 깊게 숙고했다. 그의 베스트셀러『숨결이 바람 될 때』는 투병의 마지막 시기에 쓰였으며 사후에 출간되었다.

칼라니티는 과학을 사랑했다. 하지만 그의 병이 위중해졌을 때 과학이 그에게 정말로 문제가 되고 중요한 질문들에 제대로 답을 주지 못함을 발견했다.

---

160 Dariusz Krok, 'The Role of Meaning in Life Within the Relations of Religious Coping and Psychological Well-Being', *Journal of Religion and Health* 54:6 (2015), pp. 292-308.

과학은 경험적이고 재현 가능한 정보를 체계화하는 데 가장 유용한 방식일지 모르지만, 그러한 과학의 능력은 역설적으로 인생의 가장 중심적인 측면들(희망, 두려움, 사랑, 증오, 아름다움, 질투, 명예, 나약함, 부단한 노력, 고통, 미덕)**을 포착하지 못하는 데서 비롯된다.**[161]

하지만 문학은 경험을 비추어주며 '실제 인간 삶의 혼란스러움과 무게감'에 대면할 수 있는 방법을 제공했다.[162] 칼라니티는 T. S. 엘리엇(T.S.Eliot)과 같은 작가들이 인생의 복잡한 질문들을 탐구하는 데 도움을 주지만, 다른 접근방법들은 '마른 뼈'같이 무미건조하다는 것을 발견했다.[163]

비록 칼라니티의 책이 지닌 영향력으로 인해 그의 개인적인 이야기와 그 이야기에서 나온 생각들이 많은 사람에게 울림을 주지만, 칼라니티가 전형적인 인물이 될 수는 없다. 그는 과학이 현상을 설명하려고 하기보다는 다루기 쉬운 단위로 축소하려 한다고 주장한다. 과학은 본질상

---

161 Paul Kalanithi, *When Breath Becomes Air* (London: Vintage Books, 2017), p. 170. (『숨결이 바람 될 때』, 홍성사)

162 Kalanithi, *When Breath Becomes Air*, pp. 30-1. (『숨결이 바람 될 때』, 홍성사)

163 Kalanithi, *When Breath Becomes Air*, p. 31. (『숨결이 바람 될 때』, 홍성사)

'고유하고 주관적인 인생의 실존적이고 본능적인 성질'과 연결될 수 없다.[164] 과학에는 아무런 잘못도 없다. 단지 과학의 대답은 인생의 어떤 영역에서는 중요하지만 다른 영역에서는 그렇지 않을 뿐이다. 복잡한 인생을 다루기 위해서 우리는 과학 이외의 다른 무언가가 필요하다.

칼라니티가 지적하듯 과학을 형이상학의 결정자로 만들면 '세상에서 신뿐만 아니라 사랑, 미움, 의미도 함께 사라져버리고', '결코 우리가 살고 있는 이 세상이라 **할 수 없는**' 세상이 되어 버릴 것이다.[165] 철학 세미나에서 다루는 그런 것이 아니라 실제 인생의 많은 문제와 도전에 대처하기 위해서는 하나 이상의 개념적 도구상자가 필요하다. 이것이 많은 사람들이 과학과 믿음을 함께 붙잡는 방법을 모색하고 우리 자신과 세계를 더 포괄적으로 충분하게 이해하려고 애쓰는 이유 중 하나이다.

그렇다면 칼라니티가 쓴 애절하고 감동적인 책을 읽는 것이 도킨스와 루이스에 대한 고찰에 어떤 도움을 주는

---

164 Kalanithi, *When Breath Becomes Air*, p. 170. (『숨결이 바람 될 때』, 홍성사)
165 Kalanithi, *When Breath Becomes Air*, p. 169. (『숨결이 바람 될 때』, 홍성사)

가? 신경외과 의사로서 칼라니티는 우리 세계를 이해하는 한 방법으로, 그리고 병의 진단과 치료를 위한 새로운 방법을 발전시키는 수단으로 자연과학의 중요성을 분명히 긍정한다. 그러나 그는 과학을 의미와 가치를 확립하는 세계관으로 승격시키는 것은 거부한다. 의미와 가치는 다른 근원에서 나와야 한다. 그는 루이스의 대표되는 설명에서 더 많은 영감을 받았지만 도킨스와 루이스가 지향하는 두 개의 방향 모두에 동의한다.

인생의 중대한 질문은 매우 중요하며, 인간의 증거에 기반하고 합리적으로 추론하는 능력을 초월하기 때문에 여전히 토의와 토론의 주제가 되고 있다. 우리가 주목했듯이 루이스가 '얄팍한 합리주의'라고 불렀던 것으로 후퇴하기는 쉽다. 그러나 이런 합리주의는 논리적 정확성을 얻기 위해서 인간 존재의 가장 의미 있는 질문들이 가진 모든 매력을 없애버린다. 우리는 우리가 살고 있는 우주가 어떻게 작동하는지 그리고 그 각각이 무엇을 의미하는지도 알아야 한다. 루이스에게 기독교 내러티브는 우리가 우주의 기능과 의미를 함께 붙들 수 있도록 해준다.

이 짧은 책은 도킨스와 루이스의 아주 다른 생각들

을 비교하고 탐구함으로써 이런 질문들을 펼쳐내기 시작했을 뿐이다. 우리는 자연과학에서 이루어졌듯, 우리 신념이 정당화되는 것을 보여 달라는 도킨스의 요구에 어떻게 응할 수 있는가? 우리는 자연과학이 밝혀낼 수 있는 것에 우리 스스로를 제한하지 않아야 한다는 루이스의 우려에는 어떻게 대처할 것인가? 루이스에게 '이성은 진리를 찾는 자연적인 기관이나 상상은 의미를 찾는 기관이다.'[166] 우리가 한편으로는 참되고 신뢰할 만한 것을 얻고, 다른 한편으로는 의미를 찾도록 도울 수 있는 길을 찾아야 한다면 이성과 상상 모두가 필요하다. 삶의 의미를 찾는 우리의 탐구와 성찰의 여정은 앞으로도 계속될 것이다!

---

166 C. S. Lewis, ed. Walter Hooper, *Selected Literary Essays* (Cambridge: Cambridge University Press, 1969; repr. 2013), 'Bluspels and Flalansferes: A Semantic Nightmare', p. 265.

더 읽을 거리

도킨스와 관련하여

이 책에서 제기한 문제와 관련 깊은 책

- Dawkins, Richard, *The Blind Watchmaker: Why the Evidence of Evolution Reveals a Universe without Design* (New York: W. W. Notton, 1986) : 『눈먼 시계공: 진화론은 세계가 설계되지 않았음을 어떻게 밝혀내는가』(사이언스북스, 2004)
- *The God Delusion* (London: Bantam, 2006) : 『만들어진 신』(김영사, 2007)
- *The Selfish Gene*, 2nd edn (Oxford: Oxford University Press, 1989) : 『이기적 유전자』(을유문화사, 2006)

종교 주제와 관련된 책

- Dawkins, Richard, *A Devil's Chaplain: Selcted Writings* (London: Weidenfeld&Nicholson, 2003) : 『악마의 사도』(바다 출판사, 2005)

- *Unweaving the Rainbow: Science, Delusion and the Appetite for Wonder* (London: Penguin, 1998) : 『무지개를 풀며』(바다출판사, 2008)

리처드 도킨스를 연구한 책

- Elson-Baker, Fern, *The Selfish Genius : How Richard Dawkins Rewrote Darwin's Legacy* (London: Icon, 2009)
- Grafen, Alan and Mark Ridley (eds), Richard Dawkins : *How a Scientist Changed the Way We Think* (Oxford: Oxford University Press, 2006) : 『리처드 도킨스-우리의 사고를 바꾼 과학자』(을유문화사, 2007)

과학과 신앙에 대한 도킨스의 견해

- McGrath, Alister E, *Dawkins' God: From the Selfish Gene to the God Delusion*, 2nd edn (Oxford: Wiley-Blackwell, 2015) : 『도킨스의 신』(SFC출판부, 2017)

루이스와 관련하여

이 책에서 제기한 문제와 관련 깊은 책

- C. S. Lewis, *Mere Christianity* (London: HarperCollins, 2001) : 『순전한 기독교』(홍성사, 2001)

- *Suprised by Joy* (London: HarperCollins,2001): 『예기치 못한 기쁨』(홍성사, 2003)

루이스와 관련한 에세이

- *Faith, Christianity and the Church*, ed. Lesley Walmsley (London: HarperCollins,2000)

  'Is theology poetry?'(pp. 10-21)
  'The Weight of Glory'(pp. 96-106)
  'On Obstinacy in Belief '(pp. 206-15)

C. S. 루이스를 연구한 책

- McGrath, Alister E, C.S. Lewis - *A Life: Eccentric Genius, Reluctant Prophet* (London:Hodder & Stoughton, 2013)
- *The Intellectual World of C. S. Lewis* (Oxford: Wiley-Blackwell, 2013)
- Williams, Rowan D., *The Lion's World*: A Journey inth the Heart of Narnia (London: SPCK, 2012)

이 책에서 제기한 문제들과 관련한 다른 자료들

- Aeschliman, Michael D., *The Restitution of Man: C. S. Lewis and Case against Scientism* (Grand Rapids, MI: Eerdmans, 1998).

- Gasper, Karen and Gerald L. Clore, 'Attending to the Big Picture: Mood and Global Versus Local Processing of Visual Information,' *Psychological Science* 13:1(2002), pp. 34-40
- Hicks, Joshua A. and Laura A. King, 'Meaning in Life and Seeing the Big Picture: Positive Affech and Global Focus', *Cognition and Emotion* 21:7(2007), pp. 1577-84.
- Kidd, Ian James, 'Receptivity to Mystery: Cultivation, Loss, and Scientism', *European Journal for Philosophy of Religion* 4:3(2012), pp 51-68
- McGrath, Alister E, 'An Enhanced Vision of Rationailty: C.S. Lewis on the Reasonablness of Christian Faith' *Theology* 116:6(2013), pp. 410-17
- Meilaender, Gilbert, 'Theology in Stories: C.S. Lewis and the Narrative Quality of Experience,' *Word and World* 1:3(1981), pp. 222-30.
- Pigliucci, Massimo, 'New Atheism and the Scientistic Turn in the Atheism Movement ', *Midwest Studies in Philosophy* 37:1(2013), pp. 142-53.
- Sacks, Jonathan, *The Great Partnership: God, Science and the Search for Meaning* (London:Hodder & Stoughton, 2011).
- Tanzella-Nitti, Giuseppe, 'Religion and Science as Inclinations Toward the Search for Global Meaning', *Theology and Science* 10:2(2012), pp. 167-78.

- Trigg, Roger, *Beyond Matter* : Why Science Needs Metaphysics (West Conshohocken, PA : Templeton Press, 2015).
- Ward, Michael, 'Science and Religion in the Writings of C.S. Lewis', *Science and Christian Belief* 25:1(2013), pp. 3-16.
- Wielenberg, Erik J., *God and the Reach of Reason*: C.S.Lewis, David Hume, and Bertrand Russel(Cambridge: Cambridge University Press, 2008).
- Wolf, Susan R, *Meaning in Life* (Princeton, NJ:Princeton University Press, 2010) :『삶이란 무엇인가』(엘도라도, 2014)

옮긴이

이현민
부산교육대학교를 졸업하고 남아프리카공화국 노스웨스트대학교 포첼스트룸(옛 기독교고등교육을 위한 포첼스트룸대학교)에서 교육철학 전공으로 박사학위를 받았다. 신칼뱅주의 철학을 바탕으로 신앙에 합치된 교육을 실천하기 위한 교육의 일반 이론을 구축하는 일에 관심을 가지고 계속 공부 중이다. 니콜라스 월터스토프의 『샬롬을 위한 교육』(SFC), 찰스 도나휴의 『하나님 나라의 제자: 새로운 틀』(템북)을 공동 번역했고, 한국교육철학회 편 『교육과지식』(학지사)의 공저자이다. 부산에서 초등학교 교사로 근무하고 있으며 고신대와 한동대에서 강의하고 있다.

전경자
경인교육대학교 영어교육학과 졸업, 동 대학원에서 교육방법 전공, 다문화교육으로 논문을 썼다. 모두가 행복한 학교를 꿈꾸며 교육철학 및 프로젝트 학습을 연구, 실천하는 교사이다. 한국다문화교육연구원과 시도교육청, 행정기관 등의 프로젝트에 참여하여 '교과서로 떠나는 다문화교육', '다문화언어강사를 위한 지도서', '창의적체험활동CRM', '한국어능력 평가문항 개발', '다문화주제중심 프로젝트', '레인보우 스쿨 특화교육 프로그램' 등을 개발하였다. 또한 다문화교육 및 프로젝트학습 관련 연수 강사로 활동 중이다.

백승국
경인교육대학교 초등교육학과 졸업하고 초등학교 교사로 15년째 아이들을 가르치고 있다. 교육대학교와 사범대학교에서 수학하는 예비교사들의 견고한 성장이 교육 현장의 중요한 요소라고 믿으며 (사)교사선교회의 예비교사국장으로 수년간 사역하며 돕고 있다. 템북TEMBOOK의 출판위원으로 출판사 설립 초기부터 재능기부하며, 글을 읽고 간추리는 편집과 운문의 배움에 마음을 두게 되었다. 그림책 『세상에 필요한 건 너의 모습 그대로』, 교사 학술서 『교사, 함께 할수록 빛나는』, 학부모 교양서 『사소한 아이』, 번역서 『하나님 나라의 제자: 새로운 틀』(템북) 등 다수의 책을 감수하고 편집에 참여하였다.

**리처드 도킨스, C.S. 루이스
그리고 삶의 의미**

초판 1쇄 인쇄 2021년 4월 22일
초판 1쇄 발행 2021년 4월 29일
지은이 알리스터 맥그래스 | 옮긴이 이현민 전경자 백승국
편집 김선희 김만호 김요섭 | 감수 교사선교회출판위원회
디자인 정선형 | 제작 이광우 | 인쇄 (주)한국학술정보
펴낸곳 템북 | 주소 인천 중구 신도시남로142번길 6, 402호
전화 032-752-7844 | 팩스 032-752-7840
이메일 tembook@naver.com | 홈페이지 www.tembook.kr
출판등록 2018년 3월 9일 제2018-000006호

ISBN 979-11-89782-33-7 02230

© Alister McGrath 2019
All rights reserved.
This translation of *Richard Dawkins, C.S. Lewis And The Meaning Of Life* first published in 2019 is published by arrangement with The Society for Promoting Christian Knowledge, London, England, UK.
License arranged through rMaeng2, Seoul, Republic of Korea.
This Korean translation edition © 2021 by TEMBOOK, Inc., Republic of Korea.

이 한국어판의 저작권은 알맹2를 통하여 SPCK와 독점 계약한 템북TEMBOOK에 있습니다.
신 저작권법에 의하여 한국 내에서 보호 받는 저작물이므로 무단 전재와 무단 복제를 금합니다.

※ 책값은 뒤표지에 있습니다. 잘못된 책은 구입하신 곳에서 교환해드립니다.

템북은 아이들이 꿈꾸게 하고, 교사들이 소명을 깨닫게 하며,
교육에 새로운 희망을 주는 책을 만듭니다.